KB004060

아무도
존중하지 않는
동물들에 관하여

아무도
존중하지 않는
동물들에 관하여

리나 구스타브손 지음 | 장혜경 옮김

어느
수의사가 기록한
85일간의 도살장 일기

갈매나무

국립식품청의 수의직 공무원은

동물보호, 소비자 건강, 식품 업계의

규정 준수지원을 목적으로 식품 제조의

품질관리를 책임지는 사람입니다.

다채롭고 수준 높은 업무를 통해 보람을 찾고

한 걸음 더 성장할 수 있을 것입니다.

— 스웨덴 국립식품청의 채용공고 중에서

• 우리나라는 축산물위생관리법 제12조(①제21조 제1항에 따른 도축업의 영업자는 작업장에서 처리하는 식육에 대하여 검사관의 검사를 받아야 한다/개정 2013.7.30.)에 따라 축산물 검사관을 두고 있다. 이 검사관은 수의직 공무원으로 수의사 자격증을 가진 7급 공무원이며 지자체 소속이다. —옮긴이

1일

경비실 유리창 너머에 분홍 돼지인형이 앉아 있다. 나는 탁자에 팔꿈치를 올리고 숨을 한번 크게 쉰다. 눈앞에 연간보고서가 한 무더기 놓여 있다. 봉투마다 고기 한 조각과 로고가 그려져 있다.

정문 바깥에 트럭 한 대가 멈춰 서더니 기사가 운전석에서 손짓한다. 경비원이 커피를 한 모금 홀짝 마시고는 버튼을 눌러 문을 열어준다. 수송 트럭이 지나가는 순간 환기구 틈으로 돼지 코가 보인다.

"리나?"

이제부터 내 상사가 될 사람이 저기서 걸어온다. 내 손을 쥐는 그의 손힘이 세다. 경비원이 나의 인적사항을 컴퓨터에 입력하고, 나는 내 출입카드 핀 번호를 고민해서 불러준다. 상사가 나를 데리고 정문으로 걸어가자 나는 출입카드를 기계에 읽힌다. 네 번 짧게, 한 번 길게 삑 소리가 나더니 철컥한다. 불이 초록으로 변한다. 나는 안으로 들어간다.

정문을 들어서니 가늠할 수 없을 만큼 넓은 터에 회색 함석 건물들이 줄지어 서 있다. 뭐라 콕 꼬집어 말할 수 없는 약간 큼큼한 냄새만 빼면 여기서 무엇을 생산하는지 아무도 모를 것 같다.

우리는 아스팔트를 깐 마당을 지나간다. 양쪽에서 트럭들이 우리를 향해 달려오다 멀어진다. 우리는 살짝 내려앉은 사무실 건물을 지나간다. 저곳에서 몇 달 전에 면접을 봤다. 저 건물 벽에는 지금도 1998년도 작업계획표가 걸려 있다. 구내식당 앞을 지나가려니 익숙한 학생식당 냄새가 코를 찌른다. 들쩍지근한 소시지와 케첩 냄새. 마당을 지나 철계단을 올라 생산 공장 건물로 들어간다.

국립식품청(스웨덴에서 식품의 안전관리를 감독하는 관청이다. 우리나라는 식품의약품안전처가 이를 담당한다—옮긴이) 직원 휴게실에 동료 몇 명이 앉아 커피를 마신다. 한 사람이 자리에서 일어나더니 내게 커피를 가져다준다. 이름이 안데르스인데 나와 같은 수의사여서 오늘 내게 업무 안내를 해줄 참이다. 우리는 둘이 따로 다른 탁자에 자리를 잡고 앉는다.

"환영해요." 안데르스가 미소를 짓는다. "근데 여긴 어떻게 알고 왔어요?"

"예전부터 동물보호 쪽 일을 하고 싶었는데요……. 마침 이사도 해서 이참에 직장도 옮겨볼까 싶었어요. 여기 오래 계셨어요?"

"8년째죠. 나도 대체근무 왔다가 눌러앉아 버렸어요."

탁자에는 종이 한 장이 놓여 있다. 오늘 우리가 살펴서 확인해야 할 문항이 가득하다. 그는 앞으로 내가 함께 일할 우리 팀에 대해 설명해준다. 수의사와 식품검사관(이들은 도축장 직원이 아니고 국립식품청에서 파견한 공무원이다. 따라서 도축장에서 일하되 별도 소속이다. 우리나라에서는 7급인 수의직 공무원이 이 일을 맡는다-옮긴이)들로 구성된 팀이며, 이 지역의 도축장들이 주 담당 구역이지만 주변 지역까지 맡아 처리한다고 말이다.

"여기가 규모가 크니까 다들 여기서 먼저 일을 익히고 나서 차차 규모가 작은 곳으로도 나가요."

그가 작업복 색깔 규정이 적힌 PPT 인쇄물 서류철을 내 손에 밀어 준다. 도축작업장에선 흰색, 휴게실에선 회색, 밖에 나가 담배를 피울 땐 빨간색 가운을 입는다. 안데르스가 근로시간을 일러둔 문단을 가리키며 말한다.

"수의사가 검사를 마쳐야만 도축이 시작돼요. 우리가 늦으면 전체 생산이 멈추죠. 잘못하면 손해가 막심할 수도 있어요."

우리가 하는 일은 주로 돼지 검사다. 돼지가 실려 올 때 한 번, 돼지가 죽은 후 작업장에서 또 한 번.

"하차할 때 보는 게 제일 좋아요. 제 발로 못 걷는 놈들은 죽여야 해요."

"수의사가요?"

"아니요. 우리가 그럴 필요는 없죠. 계류장(수송 트럭에서 내린 돼지들이 도축되기 전 잠시 머무는 장소-옮긴이) 직원들이 알아서 해요."

놀라 치켜올렸던 어깨가 안도감에 툭 떨어진다.

안데르스가 고개를 끄덕인다. "잘해요. 여기 직원들은 다들 능

력자예요. 하긴 작은 도축장에 가면 안 그럴 때도 있죠."

그가 커피 잔을 비우고 의자를 뒤로 민다.

"필요한 것을 몇 가지 갖다드리죠. 같이 계류장을 둘러봅시다."

나는 옷을 한보따리 받는다. 탈의실에서 흰 바지와 셔츠로 갈 아입고 위생모를 쓰고 귀마개가 달린 파란 소음방지 헬멧을 쓴다.

계류장으로 가는 길은 도축작업장을 지난다. 안데르스가 문을 연다. 순간 모든 것이 왈칵 한꺼번에 밀려든다. 동물들, 소리, 냄새…… 불과 0.5미터 거리에 돼지 몸뚱이들이 주르르 매달려 있다. 작업장 천장 레일에 붙은 고리에 돼지 뒷다리를 걸어 놓았다. 목 부분까지 척추를 따라 한가운데를 갈라놓아서 양쪽 몸이 V자 를 그리고 있다. 눈을 감은 머리통들이 바닥에 닿을 듯 흔들거린 다. 몸통 속은 비었고 선홍빛 피부는 매끈하다.

소음이 벽처럼 에워싸 답답하다. 웅웅웅 규칙적으로 울리는 기 계 소음에 목청을 돋워 크게 말하는 사람의 목소리와 금속이 부 딪는 새된 소리가 섞여든다. 나는 돼지 얼굴을 안 보려고 애쓰며 냄새를 맡지 않으려고 입으로 숨을 쉰다. 따뜻한 몸과 체액, 세정 제와 강철의 냄새가 뒤섞여 뭐라 표현할 수 없는 강렬한 냄새가 풍긴다. 나는 안데르스를 따라 문 뒤편 세면대에서 손을 씻고 소 독한다. 그런 다음 작업장을 지그재그로 통과한다. 줄지어 매달 린 돼지 몸통들과 파란 비닐 앞치마를 입은 남자들을 지나서. 직 원 몇이 알은체하자 안데르스가 기분 좋게 인사를 받아준다.

도축작업장 반대편 끝으로 넘어와 고무커튼을 지나간다. 여기는 바닥과 벽이 다 검다. '검은 구역'이라 부르는 곳. 동물이 아직 동물인 곳이다. 여기선 흰 작업복 위에 초록색 가운을 걸치고 흰 장화를 검은 장화로 바꾸어 신는다. 계단을 다 내려가자 문고리에 피가 얼룩진 계류장 출입문 앞에서 안데르스가 걸음을 멈춘다.

"여기 들어갈 때는 주의해야 해요. 돼지들이 이동 중일 수 있거든요." 말을 마치고 그가 문을 연다. 몰이통로로 들어서자 눈이 따가울 정도로 고약한 암모니아 냄새에 숨이 턱 막힌다.

계류장은 엄청나게 크다. 철창으로 나눈 돈방(돈사에서 돼지들이 머무는 방-옮긴이)들이 셀 수 없을 만큼 많다. 벽과 바닥이 다 시멘트이다. 앞쪽 돈방 하나에 돼지 몇 마리가 다닥다닥 붙어 누워 있다. 눈을 꼭 감고 주둥이를 친구의 등에 올려놓았다. 우리는 가만히 서서 녀석들을 바라본다.

"제법 귀여워요. 6개월이면 사실 아직 애기죠." 안데르스가 말한다.

나는 고개를 끄덕인다. 한 녀석이 숨을 내쉴 때마다 옆에 누운 돼지 귀의 솜털이 바르르 떨린다. 한 녀석이 우리의 시선을 느꼈는지 벌떡 일어나 꿀꿀거리며 우리를 똑바로 쳐다본다. 금방 눈치채고는 다른 녀석들도 따라 일어선다.

"어쩌겠어." 안데르스가 어깨를 으쓱하더니 걸음을 옮긴다.

아스팔트를 깐 마당과 면한 쪽의 계류장에 셔터 문이 달려 있고 그 안에는 적재 사다리가 놓여 있다. 토요일을 빼고 매일 돼지 수송 트럭들이 와서 그 사다리에 짐칸을 갖다 붙인다. 돼지들은 사방에서 실려 온다. 주로 전통 방식으로 키우는 비육돈이 많지만, 스웨덴의 친환경 기준을 지키는 KRVA 돼지, 유럽연합 에코 돼지, 지역의 제품과 품질을 대표하는 지역 브랜드 업체의 돼지들도 있다. 늙은 돼지도 실려오고 암퇘지도 수퇘지도 실려 온다. 모두 같은 방식으로 도축하지만, KRVA 돼지는 항상 실려 오는 그날 바로 도축한다.

수송 트럭이 후진하여 적재 사다리 쪽으로 다가오자 안데르스와 나는 법이 정한 검사를 하기 위해 그 옆에 가서 선다. 질병의 징후가 보이는 돼지는 한 마리도 통과되지 못하게 살피는 것이 우리의 임무이다. 사람이 먹기에 적합하지 않은 고기가 식탁 위에 오를 수도 있으니 말이다. 나아가 희귀 전염병이 돌지는 않는지도 살펴야 한다. 전염병이 발생하면 해당 도축장뿐만 아니라 업계 전체가 위기에 빠질 수 있다. 동시에 동물보호법을 준수하는지 감시하는 것도 우리의 몫이다.

시멘트 바닥은 축축하고 미끄럽지만 트럭의 비스듬한 사다리에는 작은 계단이 붙어 있다. 기사가 육중한 문을 확 열어젖힌다. 분비물과 톱밥이 뒤섞여 갈색을 띤 채 트럭 바닥에 얇게 깔렸고 돼지들의 몸과 다리에도 덕지덕지 붙어 있다. 문 뒤편에 있던 돼지들이 깜짝 놀란다. 무려 네 시간을 실려 왔으니 다시 일어서는

데 시간이 걸리는 녀석들도 있다. 기사는 몰이채로 돼지들의 등을 때리면서 트럭 안쪽으로 밀고 들어간다. 3층으로 쌓아 빼곡히 실은 260마리 돼지를 하차시켜야 한다. 계단 앞에서 돼지들이 멈칫댄다. 귀를 앞으로 향하고 눈을 크게 뜬 채 녀석들이 어찌할 바를 모르고 꼭대기 계단에 서 있다. 그러다가 처음 몇 마리가 조심조심 몇 걸음을 내딛는다. 기사가 얼른 그곳으로 달려와 다시 녀석들의 등을 때린다. 한 녀석이 맞기 싫어 트럭 쪽으로 달아나려 하지만 매를 피하지 못한다. 또 한 녀석은 꽥꽥 소리를 지른다.

처음 몇 마리가 계단을 내려가자 다른 녀석들도 서둘러 따라간다. 몰이채 안에는 작은 구슬이 들어 있어서 휘두를 때마다 찰찰 소리가 난다. 돼지 등에 맞을 때면 마라카스(라틴 아메리카 음악에 쓰이는 리듬 악기-옮긴이)를 흔드는 것 같다. 몇 마리가 피하려고 몸을 움츠리다 무릎이 꺾이지만 이내 다시 달려간다. 안에선 계류장 직원이 역시나 몰이채를 들고서 녀석들을 맞이한다. 직원은 돼지의 숫자를 세어 돈방에 골고루 집어넣는다.

적지 않은 돼지들이 다리를 전다. 나는 습관적으로 녀석들의 동작을 동물병원에 온 강아지 대하듯 해석한다. 다리를 몇 개나 다쳤나? 어느 다리를 다쳤나?

"상당히 심하게 저네요." 내가 말한다.

안데르스가 고개를 끄덕인다. "그렇죠. 수송 시간이 너무 길어서 다리 근육이 뻣뻣해질 때가 많아요." 그가 절룩이는 돼지 한 마리를 가리킨다. "전체적으로 봐야 해요. 가령 저기 저 녀석은 다리를 절지만 네 다리 모두에 하중을 실어요. 몸이 마르지도 않았고 또 오늘 중에 도축할 거예요. 그러니까 다 그린존(도축이 허용되는 범위에 있는 돼지를 가리키는 말-옮긴이)이죠. 내일 도축한다면 저 녀석을 먼저 처리할 수는 있어요."

"그런 경우엔 지역 당국에 신고하나요?"

"그건 개인 재량이에요. 여기서 한 마리를 골라 이의를 제기하면 기사는 아마 실을 때 아무 문제 없었다고 주장할 거예요. 그럼 할 말이 없어요."

한 녀석은 발굽이 너무 길고 관절이 아픈 모양이다. 기사가 녀석을 트럭에서 몰아대자 허둥대던 녀석이 넘어지면서 주둥이를 땅에 박는다.

"쏴버려야겠네." 하역 담당인 벵크트가 볼트총(정식 이름은 Captive Bolt Pistol이며 Cattle Gun이라고도 부른다. 도축장에서 동물의 머리에 강력한 충격을 가해 기절시키는 데 사용하는 압축 공기총이다-옮긴이)을 가지러 간다.

그새 녀석은 무사히 트럭을 내려와 불안한 다리로 비틀비틀 앞으로 걸어간다. 벵크트가 돌아오자 되돌아가려 하지만 마음먹은 대로 다리가 움직이지 않는 모양이다. 녀석의 눈 흰자위가 번쩍이고 눈빛이 불안하다. 벵크트가 녀석의 이마에 볼트총을 대고 방아쇠를 당기자 녀석의 몸이 뻣뻣해지다가 털썩 쓰러진다. 벵크트는 장화를 신은 발로 녀석을 차고 옆으로 넌다. 그리고 칼을 꺼내 목 뒤쪽을 찌른 다음 가슴 방향으로 긋는다. 상처에서 피가 솟구친다. 돼지는 몸을 떨고 경련으로 움칠대며 이리저리 뒤치지만 바닥에서 몸을 일으키지는 못한다. 돼지가 조용해지기까지 30분이 걸린다. 녀석이 시멘트 바닥에서 몸을 사납게 뒤틀어서 피가 사방으로 튄다. 적재 사다리에도, 벽에도, 돈방 안에까지.

나는 시선을 돌릴 수가 없다. 심장은 방망이질을 해댄다. 기사는 튀는 피를 피해 칸막이 벽 뒤로 몸을 숨긴다. 따분한 데다 스트레스를 받은 표정이다. 안데르스는 수첩을 뒤적인다. 돼지가 시멘트 바닥에서 피를 흘리며 죽어가는 동안 벵크트는 대차(작업용 운반차로 나무 또는 플라스틱 판에 바퀴를 달아 운반하는 도구-옮긴이)를 끌고 온다. 돼지 다리 하나에 사슬을 감아 몸을 대차로 끌어올린다. 돼지의 온몸이 자기 피로 범벅이다. 벵크트는 죽은 돼지를 도축작업장으로 싣고 간다. 이런 경우 한 번 더 검사를 받아야 하기 때문이다. 돌아온 그를 안데르스가 붙든다.

"벵크트, 여긴 리나. 새로 오신 수의사 선생님. 오늘부터 시작했어요."

"아, 정말 반가워요." 그가 대답한다.

또 한 대의 수송 트럭이 후진하며 적재 사다리 쪽으로 온다. 벵크트는 설핏 미소로 인사를 보내고는 몰이채를 집어 든다. 이야기를 나눌 시간이 없다.

휴식시간에 안데르스가 나를 건물 다른 쪽에 있는 구내식당으로 데려간다. 밥도 먹고 겸사겸사 옷 매장에서 긴소매 내복도 한 벌 장만하라고 말이다. 내복은 겨울에 적재 사다리 쪽 셔터 문이 열려 있으면 계류장이 엄청 추워서 필요하다. 우리는 계단을 올라 도축작업장 위쪽의 복도로 걸어간다. 여기서 보니 돼지 몸통들을 매단 레일이 보인다. 레일은 작업장 천장 아래에 얼기설기 얽힌 두툼한 갈색 들보들의 복잡한 기계 시스템 중 일부에 불과하다. 기름 냄새가 풍긴다. 털을 편하게 뽑기 위해 돼지를 데치는 탕박기에서 올라오는 수증기 냄새도 난다. 문을 하나 지나니 벽의 칠이 벗겨진 좁은 복도가 나타난다. 우리는 줄지어 선 탈의실을 지나간다. 이곳에서 매일 수백 명의 직원이 옷을 갈아입는다.

"일이 힘들지는 않을 거예요. 그래도 도움이 필요하면 언제든 도와줄 사람이 있으니 걱정 말고요." 안데르스가 말한다. 복도 저 끝에서 웅성대는 소리가 들린다. 그곳이 구내식당 '즐거운 돼지'이다. 오늘의 메뉴는 콩 소스를 끼얹은 베이컨이다. 모자를 쓴 도축작업장 직원들로 식당이 그득하다. 벽에는 그림 대신 도축 과정을 담은 A3 크기 사진 액자가 걸려 있다. 돼지를 모는 직원들, 손에 창자를 가득 들었거나 고기를 해체하는 직원들이 보인다. 사진 몇 점은 옛날 옛적에 찍은 사진 같다. 직업에 대한 자부심은 넘치지만 이곳의 그 누구에게도 꾸미고픈 장식의 욕망은 없는 것 같다.

2일

아침 6시 30분. 경비실이 비었다. 나는 안전 십자형 회전문의 카드 인식기에 내 출입카드를 읽힌다. 세찬 바람 탓에 비가 아스팔트에 사선으로 내리꽂힌다. 트럭이 시동을 걸자 헤드라이트가 빛의 터널을 만든다. 도축장의 회색 건물들이 눈앞에 불쑥 나타난다. 벽에는 트럭 하역작업용 구멍들이 뻥 뚫려 있다. 도축장 전체는 작은 공장지대를 연상시킨다. 건물 하나하나가 자신에게 맡겨진 기능을 수행한다. 돼지들이 잠시 묵는 계류장은 생존의 경계지대이다. '방혈(Bleeding, 동맥 등을 절단해 신속하게 피를 빼내는 작업-옮긴이)' 공정은 돼지들이 죽는 곳이다. 도축작업장과 해체작업장은 돼지들이 가게에서 파는 제품이 되는 곳이다.

묵직한 철문 뒤편의 발판에는 돼지 피하지방 찌꺼기와 직원들의 신발에서 떨어진 흙이 달라붙어 있다. 나는 오른쪽으로 꺾어 여러 개의 빨래 바구니가 놓인 작은 복도로 들어선다. 바구니에는 잘 개킨 작업복들이 차곡차곡 쌓여 있다.

작업복 보관실 직원이 치수가 다른 작업복 여러 벌을 살피면서 이맛살을 찌푸린다. "살짝 들어서 빼면 될 것을 왜 다 헤집어 놓을까요? 누가 이랬는지 알아요?" 흰 모자를 삐딱하게 쓴 그가 무서운 눈빛으로 쳐다본다.

"저야 모르죠."

어제 어떤 작업복을 입어야 한다고 들었는지 기억을 떠올린다. 탈의실 벽을 따라 오렌지색 간이 옷장들이 늘어서 있다. 기계로 새긴 것 같은 누런 명패를 보니 내 옷장의 예전 주인은 닐스 에릭손이다. 문 안쪽에는 스티커가 덕지덕지 붙어 있다. 이것들 역시 다른 시대의 증거물이다. **1978년 알코올 남용에 반대하는 범국민 행동의 날.**

나는 점심으로 먹을 빵을 비닐봉지에 담아 탈의실을 나온다. 복도를 따라 내려갈수록 도축작업장에서 밀려오는 소음과 냄새가 짙어진다. 나는 '국립식품청'이라고 적힌 문을 연다. 신발에 피를 묻힌 채 들어오지 말라는 경고가 붙어 있다. 벽에는 자연 풍광 사진을 담은 액자들이 걸려 있다. 토끼, 새, 노루, 숲 …… 이곳은 국립식품청 직원들의 휴게 공간이자 사무 공간이다. 도축작업장과 벽 하나를 사이에 둔 이 몇 개의 방을 국립식품청이 도축장 업체 측에 세를 내고 빌려 쓴다. 벽에 나뭇조각 장식품도 하나 걸려 있다. 총을 든 남자와 두 발로 선 고라니이다. 고라니가 히죽 웃으며 사냥꾼에게 엄지를 치켜 보이고 있다.

휴게실에 사람이 많다. 직원인 구닐라가 가을 뷔페(뷔페는 스칸디나비아 지방에서 바이킹들이 약탈해온 노획물들을 펼쳐놓고 잔치를 벌이며 다 같이 나눠 먹던 풍습에서 유래했다고 한다. 스웨덴 사람들은 뷔페를 스뫼르고스보르드Smörgåsbord 라고 부르는데, 특별한 날은 푸짐하게, 보통 땐 소소하게 음식을 준비하고 손님들을 초대해서 나누어 먹는다-옮긴이) 를 차렸다. 메뉴판은 스카치테이프로 수납장에 붙여 놓았다. 아침은 물론이고 점심에도 다양한 고기요리와 연어 샐러드가 차려져 있다.

"샌드위치 줄까요?" 그녀가 내게 정체를 알 수 없는 속 재료가 든 빵을 내민다.

"아니요. 괜찮아요." 내가 대답한다.

탁자에 앉은 동료들이 우리를 빤히 쳐다본다.

"구닐라가 만든 음식을 사양하다니요." 누군가 말하자 모두가 동의한다. 다들 오늘 얼마나 많이 먹어치울지 농담을 해댔다.

"나도 처음엔 날씬했어요. 기다려 봐요. 한 달도 못 가 살이 엄청 찔 테니까." 누군가 말한다.

나는 블랙커피 한잔을 부어 자리를 잡고 앉아 찻잔에 손을 녹인다. 손가락은 차갑지만 팔에선 땀이 삐죽삐죽 솟는다. 이제 고백할 시간이다. 나는 고기를 먹지 않는다고. 몇 초가 흐른다. 동료들을 쳐다본다. 가득 찬 그들의 접시와 도축작업장 소음으로 진동하는 창문 없는 벽. 커피는 혀가 델 정도로 너무 뜨겁다.

오늘은 수의사 산드라와 같이 일한다. 60대 초반이라 흰 모자 아래로 백발의 고수머리가 삐져나왔다. 벌써 몇 년째 일한 그녀는 뭐든 물어봐도 된다며 연신 나를 안심시킨다.

"처음엔 정신이 없을 거예요. 그래도 괜찮으니까 너무 떨 필요 없어요. 다들 그렇게 시작해요. 리나도 금방 적응할 거예요."

우리는 계류장으로 내려간다. 마침 수송 트럭이 한 대도 오지 않아서 시간이 난 참이라 여기서 밤을 보낸 돼지들을 살필 생각이다. 돈사는 좁고 더럽다. 돈방이 줄지어 선 열마다 각 돈방에 있는 돼지 숫자가 적힌 종이가 코팅되어 걸려 있다. 13제곱미터 크기의 방에 밤에는 열일곱 마리를, 낮에는 스물네 마리를 집어넣는다. 지금은 모두가 동시에 누울 수 있을 정도로 공간이 넉넉하다.

계류장 통로에 서서 돈방을 살피고 있으려니 직원이 와서 울타리를 연다.

"마취하려고 데려가는 거예요." 산드라가 말한다.

남자는 시멘트 바닥에 누운 돼지들 틈으로 밀고 들어간다. 벌떡 일어나는 놈들이 있는가 하면 용을 써야 겨우 몸을 일으키는 놈들도 있다. 남자는 돼지의 등을 때려 돼지들을 통로로 몰고 간다. 급커브 구간마다 압축공기로 작동하는 문이 있고 돼지들이 그 안으로 들어가면 문이 닫히면서 돼지들이 갇힌다. 속도가 일정해야 한다. 생산 공정이 멈추지 않으려면 돼지를 쉬지 않고 공급해야 한다.

산드라와 나는 그를 따라가며 지켜본다. 통로 끝에는 덴마크에서 특수 개발한 마취 설비 '부티나Butina'가 있다. 대부분의 스웨덴 도축장에서는 본격적으로 도축에 들어가기 전에 이 설비를 이용해 돼지들을 마취시킨다. 부티나는 강철로 만든 곤돌라(네모난 칸에 짐을 싣고 오르내리는 시설-옮긴이) 기계로, 칸에 돼지를 싣고 이산화탄소가 가득한 가스실로 내려보내 마취한다. 돼지를 실은 칸이 아래로 내려가면, 반대편에서는 그보다 먼저 가스실을 통과하면서 마취된 돼지를 실은 칸이 올라온다.

마지막 구간에 이르면 돼지들은 더 이상 앞으로 가지 않고 버틴다. 걸음을 멈추고 왔던 길로 돌아가려 한다. 하지만 녀석들은 이미 갇혔다. 기계로 움직이는 자동 벽이 내려와 뒤에서 돼지들을 앞으로 떠민다. 기계를 만든 제조사는 이 방법이 사람과 돼지의 접촉을 줄여 혹시 모를 동물학대의 소지를 줄일 수 있으니 동물복지에 도움이 된다고 주장한다. 하지만 이미 스트레스를 받은 돼지들은 벽이 다가오자 완전히 패닉에 빠진다. 녀석들이 눈을 화등잔만 하게 뜨고는 비명을 지르면서 갑자기 서로의 등에 올라탄다. 첫 번째 자동 벽이 돼지들을 앞으로 떠민다. 잠시 후 옆에서 직각으로 두 번째 자동 벽이 다가와 돼지들을 부티나로 밀어 넣는다. 문이 철컥 닫히고 돼지를 실은 칸이 가스실로 내려간다. 그러면 놀이동산의 대관람차처럼 금방 다시 빈칸이 새 탑승객을 태우기 위해 내려와 멈춰 선다.

"안을 볼 수 있어요?" 가스실 입구에 딱 붙어 선 남자에게 묻는다.

그가 고개를 저으며 나를 한참 쳐다본다. "여긴 안 돼요. 저기 암돼지를 마취하는 데서 보세요." 그가 건물의 반대편을 가리킨다. 다 자란 어른 암수 돼지를 도살하는 곳이다. 어른 돼지는 자체 부티나가 따로 있다. "여긴 권하고 싶지 않아요."

"왜요?" 내가 묻는다.

"뭐, 봐서 좋겠어요?"

남자는 빈 곤돌라 칸에 태울 다음 돼지 무리에게로 고개를 돌린다. 뒤에서 쉬지 않고 돼지들이 밀려온다. 가스실 옆에 이산화탄소 농도를 알려주는 모니터가 걸려 있다. 제일 아래쪽은 90퍼센트가 유지되어야 하며, 전체적으로 절대 80퍼센트 밑으로 내려가서는 안 된다.

돼지가 다시 위로 올라오면 직원이 축 늘어진 돼지를 끄집어내어 벽 너머 바닥으로 털썩 던진다. 그럼 다음 작업인 방혈 공정으로 갈 준비가 끝난다.

산드라가 내 소매를 잡아당긴다. 암돼지 수송 트럭이 도착해서 우리는 그곳으로 건너간다. 암돼지 한 마리가 유독 말랐다. 엉덩이뼈가 툭 불거졌고 피부가 천막처럼 너덜너덜 척추에 걸려 있다. 녀석을 무리에서 떼어내 돈방에 혼자 집어넣는다. 그러자 녀석이 안절부절 돈방을 오가며 울타리를 물어뜯는다.

"스트레스가 심한 것 같네요." 내가 말한다.

"그러게. 건강한 것 같지 않아요." 산드라가 계류장 직원 스벤한테로 걸어간다.

"저 암퇘지는 가능하면 먼저 처리했으면 좋겠어요." 그녀가 말한다. 내일이 아니라 오늘 도축하라는 뜻이다. 스벤이 고개를 끄덕인다.

"암퇘지는 영양 상태를 판단하기가 간단치 않아요. 최근에 새끼한테 젖을 먹였을 수도 있고 병이 들었을 수도 있고. 물론 먹이를 못 먹어서 그럴 수도 있겠지……만 그럴 가능성은 별로 없어요." 산드라가 말한다.

"당국에 알려야 하나요? 한참 된 것 같은데요?"

"좋은 질문이에요. 병든 가축도 치료해주면 데리고 있어도 위반이 아니에요. 그리고 이 경우엔 원인을 모르고요."

그녀가 머뭇거리다 다시 입을 연다.

"몇 년 전에 언론에 크게 보도됐어요. 도축장 수의사들이 당국에 신고를 너무 안 한다고요. 그 이후로 우리가 신고를 많이 했는데요. 그러다 보니 담당 공무원들이 일에 치이더라고요. 그래서 이젠 좀 골라서 하려고 해요."

잠시 후 우리는 그 삐쩍 마른 암퇘지의 속을 들여다본다. 흉강이 완전히 썩었다. 폐는 구멍이 숭숭 뚫려 다 삭았다. 아마 심한 폐렴 탓인 것 같다. 이런 폐로 숨을 쉬었다니 용하다. 성한 조직이 거의 없다.

○ ○ ○

계류장을 나와 직진하면 전체 작업의 박자를 결정하는 작업, 즉 방혈 공정에 도착한다. 산드라는 앞서가고, 나는 도축작업장으로 가는 길에 잠시 걸음을 멈춘다. 돼지가 이산화탄소 가스실을 통과한 후 기절한 채 곤돌라 칸에서 나오면 바로 방혈 공정으로 넘어간다. 생명이 죽음으로 동물이 제품으로 바뀌는 곳이다. 항상 여덟 마리가 한꺼번에 기울어진 작업대를 굴러 컨베이어벨트에 실린다. 그곳에서 기다리던 도축사 세 명이 각기 한 마리씩 골라 뒷발에 사슬을 묶고 기중기를 이용해 거꾸로 들어 올린다. 이제부터 돼지들의 컨베이어벨트 여행이 시작된다. 눈꺼풀이 반쯤 내려왔는데도 녀석들은 눈을 딱 뜬 것 같은 인상을 풍긴다. 눈썹은 살짝 치켜 올라갔고 대다수가 입을 약간 벌리고 있다.

타일이 깔리고 움푹 들어간 자리에 두 남자가 서 있다. 한 사람은 손에 칼을, 또 한 사람은 인장을 들었다. 둘 다 고무바지를 입고 장화를 신고 고무장갑을 꼈다. 그곳의 모든 것이 피에 젖어 붉다.

이산화탄소에 마취된 돼지가 다시 올라와 누운 컨베이어벨트는 남자 직원들의 팔 높이다. 첫 번째 직원은 귀에 이어폰을 낀 채 묵묵히 앞을 보고 있다. 군더더기 하나 없는 깔끔한 동작으로 그가 돼지의 목을 차례차례 칼로 찌른다. 한 번 찌른 칼은 끓는 물이 담긴 통에 담그고 가끔 느린 동작으로 허리띠에 매달린 숫

돌에 칼을 간다. 인장을 든 직원은 동료가 칼로 찌른 구멍에 두 손가락을 집어넣는다. 방혈이 안 된 돼지가 있는지 검사하는 것이 그의 임무이다. 돼지들은 얼른 보면 전부 똑같이 생겼기 때문에 잠깐만 정신을 팔아도 놓치기 십상이다. 실제로도 방혈이 안 된 돼지가 산 채로 끓는 물에 들어갔던 일이 언론에 보도되기도 했다. 그런 사태를 방지하기 위해 방혈 구멍이 정확히 뚫렸는지 확인할 사람이 필요하다.

방혈 공정은 양날 칼로 앞쪽에서 가슴을 찔러 대동맥과 연결된 큰 혈관들을 자르는 작업이다. 처음엔 피가 왈칵 활 모양을 그리며 타일에 떨어지고 그다음엔 졸졸 흐르다가 어느 순간 똑똑 떨어지는 방울 소리만 들린다. 돼지가 마취에서 깨어나 의식을 되찾을 위험은 매우 낮다. 그러기엔 너무 고농도의 이산화탄소 가스실에 너무 오래 머문다. 그럼에도 혹시나 마취가 불충분하지는 않은지 살펴야 한다. 돼지는 축 늘어져 사슬에 매달려 있어야 하며 소리를 내어서도, 규칙적으로 숨을 쉬어서도 눈을 깜빡여서도 안 된다. 만일 돼지가 의식이 있다는 낌새가 보이면 녀석의 반사행동을 점검해서 볼트총으로 기절시켜야 한다.

이제 컨베이어벨트에 돼지가 한 마리도 없다. 휴식시간이다. 방혈 공정 위쪽에 걸린 모니터가 번쩍인다. 직원들이 앞치마를 벗고, 나는 미끄러운 철계단을 오른다. 왼쪽에 방금 피를 뺀 돼지들이 천장 레일에 매달려 있다. 그것들도 지금 도축작업장으로 가는 중이다. 아래쪽에 피가 두껍게 고여 반짝인다. 과다출혈을 방지하는 생명체의 방어기제, 혈액응고는 생각처럼 빨리 끝나지 않는다. 바닥에 덩어리가 져 있고 돼지 한 마리가 살짝 아래로 미끄러져서 피에 코를 박은 채 질질 끌려가고 있다.

돼지들이 손만 뻗으면 닿을 곳에 매달려 있다. 따뜻한 몸통은 더럽고 계류장에서 서로 쌈박질을 해대느라 생채기가 나 있다. 그 모든 것이 바로 직전의 일이다.

∘ ∘ ∘

도축작업장으로 들어서니 산드라가 오라고 손짓을 한다. 그녀가 높은 단에서 기다린다. 그곳은 수의사들이 검사하는 장소이다. 위쪽에 걸린 모니터에 시간과 생산 현황이 떠 있다.

시간: 8시 20분

도축 돈 수: 512두

오늘 예상 도축 돈 수: 3100두

나는 망사 조끼와 파란 앞치마를 껴입고 왼손에 체인장갑을 낀다. 오른손에 쥔 칼이 미끄러질 경우를 대비하기 위해서이다. 도축작업장 직원들이 고개를 까딱하며 인사한다. 수의사 검사대는 검사관의 왕국이다. 이곳에서 검사관이 도축사 한 사람과 함께 검사할 돼지를 기다린다. 들쩍지근한 금속성 피 냄새와 방금 가른 몸에서 솟아 나온 김 때문에 울컥 구역질이 솟구친다. 나는 헛기침으로 그것을 애써 누른다.

"오늘은 조용하네요. 평소 같으면 엄청 할 일이 많을 텐데. 그렇다고 너무 스트레스 받으면 안 돼요." 산드라가 말한다.

나는 작업장 안을 둘레둘레 살핀다. 어디나 분주하다. 사방에 돼지 몸뚱이들이 걸려 있다. 조금 떨어진 다른 공정에선 돼지를 끓는 물에 담갔다가 꺼낸 뒤 돼지의 피부를 버너 불꽃으로 지져 잔털을 제거하고 그다음 공정에선 철로 만든 솔을 회전시켜 돼지 몸을 깨끗이 닦는다. 살점과 오물이 두 개의 플라스틱 유리창으로 마구 튄다. 방혈 후 40분이 지나면 돼지는 우리가 있는 도축작업장에 도착한다. 작업대에 선 도축사 한 사람이 몇 차례 빠른 칼질로 원을 그리며 고환을 잘라 철통에 휙 던진다. 실수로 옆에 떨어져 젖은 타일 바닥에 미끄러지는 고환 몇 개가 얼음 위에 놓인 컬링 경기에 사용하는 스톤 같다.

다음 차례는 내장 적출이다. 도축사들은 컨베이어벨트의 인정사정없는 박자에 맞춰야 한다. 먼저 한 사람이 항문 위쪽과 항문 주위의 배를 가른 후 똥이 밖으로 나오지 못하게 직장을 매듭짓는다. 두 번째 도축사가 대장과 위장, 방광과 비장을 잘라 양손 가득 집어내서는 넓은 철통에 집어 던진다. 세 번째 도축사는 복

강을 더 자르고 횡격막 주변을 절개하여 간과 흉강의 장기들을 꺼내 그걸 전부 갈고리 하나에 매단다. 내장이 다 제거되면 자동 톱이 세로로 척추를 잘라 돼지의 몸을 반으로 가른다.

이제 돼지 몸은 책 같다. 양쪽으로 펼쳐져 안을 들여다볼 수 있다. 한 줄로 늘어선 검사관 동료들이 바로 그 일을 한다. 한 사람은 앞쪽과 안쪽을 검사하고, 다른 사람은 뒤쪽을 검사한 후 둘이서 함께 우리에게로 밀려온 내장을 일일이 다 살핀다. 한 젊은 남자는 통에서 비장만 따로 꺼내 검사하기 좋게 바로 놓는다. 말려서 다른 내장 밑으로 들어가버리면 보이지 않기 때문이다. 귀에 이어폰을 낀 그는 잠시 쉴 때마다 음악에 몸을 맡긴 채 박자에 맞추어 허벅지를 두드린다.

노란 타일이 깔린 바닥에 돼지의 생명력이 흔적을 남긴다. 처음에는 핏자국이 이랑처럼 두텁지만, 죽음의 순간에서 멀어질수록 자국의 양과 숫자가 점점 줄어든다. 컨베이어벨트의 마지막 부분에선 핏자국이 싹 사라진다. 모든 것이 텅 비고 보송보송하다.

"어깨너머로 어찌하는지 한번 봐요." 산드라가 충고한다.

너무 시끄러워 대화가 힘든 탓에 나는 고개만 끄떡이고서 다음 공정으로 향한다. 여기선 대장이 담긴 용기와 흉강의 장기들을 걸어놓은 갈고리, 내장을 꺼낸 몸통이 평행으로 움직이는 컨베이어벨트에 얹혀 이동한다.

스투레는 숙련된 전문가 인상을 풍긴다. 갈고리에 걸린 내장들을 검사하는 것이 그의 임무인데 각 내장당 몇 초도 안 걸린다. 폐는 대부분 바닥에서 이동하는 폐기물용 컨베이어벨트로 집어던진다. 적지 않은 돼지의 몸이 늑막염이나 종양 같은 질병으로 변형됐다. 그가 황급히 몸을 돌려 모니터에서 확대한 영상을 확인한다. 다른 두 명의 동료는 몸통을 검사하여 잘라내야 할 부분을 펜으로 표시하고, 필요할 경우 옆에 선 도축사에게 돼지를 밀어준다. 심각한 질병의 징후가 보이면 다리 안쪽에 오렌지색 쪽지를 붙인다.

식품검사 요망

그런 후 버튼을 누르면 그 돼지는 방향을 바꾼다. 다음 도축 공정으로 바로 이동하지 않고 급커브를 틀어 수의사들 쪽으로 향한다. 그럼 그곳에서 우리가 몸과 내장을 조사하여 돼지를 전부 혹은 일부만 폐기할 것인지 아니면 식용으로 허용할 것인지를 결정한다.

수의사 검사대로 돌아오자 산드라가 거기 걸린 두 마리 돼지를 살핀다. 한 마리는 허벅지 근육에 출혈이 있다.

"여기 허벅지가 찢어졌어요." 그녀가 말한다.

"왜요?" 내가 묻는다.

"겁이 없어서 트럭에서 뛰어내렸을 수도 있고…… 미끄러져서 그럴 수도 있고요."

그녀는 도축사에게 출혈 부위를 제거해달라고 부탁하고 두 번째 돼지 쪽으로 돌아선다.

"여기 봐요." 산드라가 칼날로 돼지의 샅굴(사타구니) 부위를 가리키더니 림프샘을 잘라내서 내 손에 놓는다. "악성 림프종이에요. 림프샘이 전부 다 커졌어요. 마침 오늘 이런 케이스가 있어서 다행이네요. 덕분에 검사용 조직샘플을 어떻게 보내는지 볼 수 있잖아요." 그녀가 조심조심 림프샘을 세 개 더 잘라서 비닐봉지에 담는다. 그리고 옆에 선 도축사를 돌아본다.

"여기 이건 마킹합시다."

도축사가 칼로 몸통 양쪽에 큰 십자가를 그린다. 돼지를 벨트에서 빼라는 뜻이다. 그가 버튼을 누르자 돼지가 컨베이어벨트에서 툭 떨어진다. 그는 돼지를 바닥에 뚫린 구멍 쪽으로 민다. 몸통을 지탱하던 뒷다리 피부 조각을 쓱 자르자 100킬로그램에 가까운 육중한 돼지 몸이 구멍으로 추락한다. 지하 폐기물 컨테이너로 향하는 구멍이다.

점심시간에 다른 수의사들에게 왜 식품검사관이 되었는지 물어본다. 식품안전 문제에 관심이 많아서라고 대답한 사람도 있고 동물보호에 관심이 있어서 왔다는 사람도 있다. 병원 일이 너무 힘들어 여기로 왔다는 사람도 있고 야근이 드물어 출퇴근이 확실해서 여길 골랐다는 사람도 있다. 대다수는 이런 여러 가지 이유가 복합적으로 작용했다.

하지만 모두가 한목소리로 말한다. "동료들이요. 같이 일하는 동료가 편해야 일도 편하죠."

한 사람은 이렇게 말한다. "이 일이 제일 중요한 일이니까요. 생사에 관여하잖아요."

점심 뷔페를 피해 컴퓨터 앞에 앉아 마우스를 클릭해대며 버터 빵을 조금씩 베어 먹는다. 퇴근 전에 산드라와 향후 몇 달치 작업 계획을 살펴본다. 다른 동료들은 지역의 작은 도축장에도 투입되지만 그녀와 나는 여기서만 일할 것이다.

"올해도 크리스마스 햄이 식탁에 오를 수 있을지 말지는 보아 하니 우리 둘의 책임인데요." 그녀가 웃으며 말한다.

크리스마스까지 아직 3개월이 남았다. 머리로 대충 어림짐작 해본다. 12월 24일까지 내가 검사해서 도축해야 하는 돼지는 18만 두이다.

오늘 내가 본 돼지들:

기침하는 돼지들

꼬리가 뜯겨 나간 돼지들

절룩이는 돼지들

관절에 점액낭염이 생긴 돼지들

폐렴에 걸린 돼지들

자상을 입은 돼지 한 마리

찰과상을 입은 돼지들

종기가 난 돼지들

암에 걸린 돼지 한 마리

깡마른 암돼지 한 마리

3일

5시 45분에 도축장에 도착한다. 식품검사관 스투레가 벌써 출근했다. 교대 시간이 무려 1시간 30분이나 남았는데 말이다. 그가 커피머신에서 커피 한 잔을 뽑아서 식탁에 기대 마신다. 주름진 얼굴에 핀 미소가 따뜻하다.

"아침형 인간이신가 봐요?" 내가 묻는다.

"4시 반이면 일어나요. 습관의 힘이죠. 열다섯 살에 도축장 일을 시작했는데 지금 예순이거든요." 그가 말한다.

우리는 잠시 이야기를 나눈다. 식품검사관직은 늘 사람이 부족하다. 휴가를 원하는 때에 내기 힘들기 때문이다. 게다가 스웨덴에는 교육시설조차 없고 제일 가까운 시설도 덴마크에나 있다. 우리 팀의 검사관 몇 사람도 원래는 도축사였다가 국립식품청의 교육비 지원 사업에 지원해 직업을 바꿨다. 그런데도 일손은 늘 부족하다. 스투레는 버터 빵을 꺼내더니 냉장고에서 간으로 만든 소시지를 가져온다. 그리고 커피를 다시 따라 구석의 TV를 켜더니 의자에 자리를 잡고 앉는다.

나는 오늘 수의사 티나와 함께 일한다. 오늘의 첫 번째 업무는 어제 퇴근 후에 실려온 돼지들을 검사하는 일이다. 돈방 바닥에 물과 똥오줌이 뒤섞여 큰 웅덩이가 생겼다. 돼지들이 구석에 다닥다닥 붙어 누워 서로의 온기를 나눈다. 스벤이 호스를 꺼내 물을 뿌린다. 돼지들이 움칠하며 물줄기를 피하려 애쓴다.

"깨우는 거예요. 그래야 몰기 쉽거든요. 또 도축할 때 너무 더러우면 고기가 오염되기 쉬워요." 티나가 설명한다.

우리는 따뜻한 파란 재킷을 걸쳐 입고 호주머니에 손을 찌른 채 계류장 통로에 서 있다. 그녀는 50대 여성으로 10년 전부터 여기서 일하고 있다.

"여긴 다들 친절해요. 계류장 일은 딱히 즐겁지 않지만 전문 분야 그룹 일은 재미있어요. 뭔가 의미 있는 일을 하는 기분이 들거든요."

국립식품청 직원들이 그룹을 나뉘어 식품위생, 동물보호, 수출 등과 관련된 작업 과정을 토론하고 개발한다. 티나의 그룹은 스웨덴 전역에서 국립식품청 직원들의 판정이 편차가 없도록 노력하고 있다.

우리는 통로를 걸어가며 돼지들의 상태를 살핀다. 일일이 한 마리씩 진료하지는 못하고 한눈에 딱 봐서 확실한 증상이 있는지만 주의해서 본다. 나는 감염병에 걸렸거나 감염병으로 죽어가는 돼지가 있는지 살핀다. 규정에 따라 수송해서는 안 되는 돼지를 수송해 왔는지, 사육할 때 잘못은 없었는지도 조사한다. 다리가 부러졌거나 다른 이유로 심하게 절룩거리지 않는지, 큰 상처가 있거나 꼬리를 다치지 않았는지, 발굽은 너무 길지 않은지 등을 유심히 살핀다. 한 줄을 다 보고 나면 서류에 서명해야 한다. 대부분의 돼지는 돈방에 다닥다닥 붙어 있거나 누워 있다. 정식 진료를 하거나 자유롭게 돌아다니는 모습을 보지 않고서는 이 돼지들이 건강하다는 것을 제대로 확인할 수는 없을 터이다. 그리고 나는 이 녀석들이 죽어야 한다는 사실에도 동의할 수 없을 것 같다. 나는 티나를 졸졸 따라가면서 그녀가 서명할 때마다 안도한다.

하지만 5분 후 마침 혼자서 돈방 앞에 서 있으려니 스벤이 다가온다. "도축해도 좋다고 서명해주시겠어요?"

나는 이니셜로 서명한다. 스벤이 끄덕 인사를 하고는 그 줄에 걸린 팻말을 다른 면으로 돌린다. 한 면은 빨간색, 다른 면은 초록색이다. 돼지들을 다음 공정으로 몰고 갈 동료에게 도축이 허락되었다고 알리는 신호이다.

가슴이 뜨끔한다. **내가** 지시를 내렸구나!

하지만 서명을 열 번 더 하고 나니 더는 내 개인의 책임이라는 기분이 들지 않는다.

돈방 사이를 돌아다니려니 돼지들이 나를 치켜 보며 꿀꿀거린다. 녀석들이 나와 눈을 맞춘다. 시름에 겨워 늘 이마를 찌푸렸던 것마냥 녀석들의 눈 위에는 작은 주름이 졌다. 호기심에 코를 쭉 내밀고 냄새를 맡으며 몇 걸음 나를 향해 다가오는 녀석들도 있다. 내 동작에 화들짝 놀라서 벌떡 일어나거나 구석으로 숨는 녀석들도 있다. 어쨌거나 모두가 나를 본다. 돼지는 아는 사람과 모르는 사람을 정확히 구분할 줄 안다. 대상이 돼지든 사람이든 관계없이 정확히 구분한다. 우리는 울타리를 사이에 두고 마주서서 서로를 탐색하려 애쓴다. 견디기 힘들지만 참아야 한다.

트럭이 들어온다. 돼지 한 마리가 걷지 못한다. 다른 돼지는 다 가버렸는데 혼자만 남아 앞으로 한 걸음 내디뎠다가 다시 멈추고는 통로에 누우려 한다. 결국 돼지는 시멘트 바닥에 털썩 쓰러진다. 벵크트가 볼트총을 가져와 녀석의 이마에 대고 쏜다. 그리고 칼로 가슴을 깊게 찌른다. 한 번 겪은 일이라 나는 얼른 피를 보지 않으려고 문 뒤편으로 숨는다.

"못 걷는 돼지를 도축장에 보내면 안 되잖아요." 내가 말한다.

"보내기 전에 어떤 상태였는지 우리는 모르죠." 티나가 대답한다.

다음 수송 트럭이 들어온다. 우리가 이야기를 나누는 동안 돼지들이 트럭에서 내려온다. 우리의 시선이 벌벌 떨며 서 있는 돼지 한 마리에게로 쏠린다. 티나가 벵크트에게 뭐라고 소리를 지르지만 너무 시끄럽다. 그가 몰이채로 그 돼지의 등을 때린다. 돼지가 비명을 지르며 돌아서 도망치려고 하지만 뜻대로 안 된다. 벵크트가 화가 나 볼트총을 꺼내 쏜다. 바닥을 보니 울퉁불퉁한 시멘트 고랑에 피가 고인다.

티나가 기사한테로 다가간다.

"실을 때는 문제없었어요." 그가 말한다.

"오는 데 얼마나 걸렸어요?"

"10분밖에 안 걸렸어요."

나는 소리 죽여 그녀에게 속삭인다. "10분 만에 생길 수 있는 문제가 아닌데요."

"반박할 말이 없어요. 돼지는 조금만 이동해도 고통을 가장 많이 받을 수 있는 동물이니까요."

나중에 도축작업장에서 검사해보니 두 마리 돼지가 수송 중에 급성 스트레스 반응을 보여 근육의 PH가가 급격히 떨어졌다. 근섬유의 색깔이 옅고 물컹거린다. 이런 맛없는 고기를 PSE 고기, 즉 색이 연하고Pale, 고기에 탄력성이 없고Soft, 육즙이 많이 흘러나오는Exudative 고기라 부른다. 예전에는 훨씬 더 많은 수의 돼지가 이런 반응을 보였지만 품종을 개량해 '물돼지 고기'의 위험성을 높이는 유전자를 거의 완전히 제거했다. 인간은 돼지만 바꾸었을 뿐, 돼지의 환경을 바꾸지는 않았다.

쉬지 않고 트럭들이 밀려 들어온다. 돼지들이 적재 사다리를 지나 계류장으로 쏟아져 들어간다. 한 트럭에서 내리는 돼지들이 똥으로 범벅이다. 오염이 어찌나 심한지, 우리는 돼지들이 얼마나 이 상태로 있었는지를 판정하기 위해 단단히 무장한 후 조사에 착수한다. 그러니까 똥오줌이 얼마나 피부로 침투했는지를 살피는 것이다.

스무 살쯤으로 보이는 작업복 차림의 기사가 우리에게 와서

"죽은 놈이 하나 있어요"라며 트럭 적재 면을 가리킨다.

우리는 위로 올라가 오물 속에 옆으로 누운 돼지에게로 다가 간다. 솜털이 축축하고 눈은 감았다. 주둥이 주변 피부가 푸릇푸 릇 차갑게 변했고 입술은 죽는 순간 휘파람을 불었던 듯 O자 모 양이다.

"수송 중에 죽은 돼지는 신고 의무가 있어요." 티나가 내게 말 한다. 잠시 후 우리는 보고서를 작성한다. **외부 상처의 흔적은 확 인할 수 없었다.**

"산소부족이 원인일까요?" 기사가 묻는다.

"그럴 가능성이 높아요." 티나가 대답한다.

오후에 그녀가 내게 왜 이 직업을 택했는지 묻는다. 우리는 계 류장에 서서 수송 트럭에서 내린 돼지들이 돈방으로 들어가는 모습을 지켜보고 있다.

"동물보호와 관련된 일을 하고 싶은 바람은 늘 있었어요. 그러 다 몇 년 전에 유용동물(사람에게 쓸모 있는 동물─옮긴이)을 실질적 으로 도와주고 싶다고 생각했죠." 나는 대답하면서 새 일자리 이 야기를 했을 때 친구나 지인들이 보였던 반응을 떠올린다. 몇몇 은 나야말로 도축장에서 동물보호 규정을 잘 지키는지 감시할 적임자라고 말했다. 양을 사육하는 옛 동료 한 사람은 이렇게 말 했다. "동물을 진심으로 사랑하는 검사관이 거기서 일한다고 생 각하니 기분이 좋아지네." 나머지는 다들 "미쳤어?" 하고 물었다.

"그래, 며칠 일해 보니 어때요?" 티나가 묻는다.

"잘 모르겠지만⋯⋯." 나는 머뭇거리며 대답한다. "실제로 동물을 얼마나 도울 수 있다고 생각하세요? 제가 보기엔 다친 동물을 먼저 도축시키는 게 주 업무인 것 같아요."

5년 6개월의 수의학 공부를 마친 후 나는 내가 더는 예전처럼 순진하지 않다고 생각했다. 그런데 여기 와서 다시금 내가 여전히 참 순진했다고 생각하게 된다. 그건 아마도 눈코 뜰 새 없이 빠른 속도와 어마어마한 물량, 거대한 시스템 앞에 선 나 자신이 너무나 하찮은 존재이기 때문일 것이다. 그리고 나 역시 거기에 순응할 수밖에 없기 때문일 것이다. 나는 부정적인 생각과 싸웠고 이곳으로 올 때 품었던 실용주의에 매달리려 애썼다. **리나, 천천히 해!**

티나는 내 말에 귀를 기울이며 고개를 끄덕인다. "고기 먹어요?" 그녀가 묻는다.

"안 먹는데⋯⋯ 그 말을 못하겠어요. 꼭 교회에서 욕하는 기분이에요."

그녀가 크게 웃는다. "어려운 문제죠."

마지막 작업을 마치고 계류장을 나올 시간에도 그곳에는 수백 마리의 돼지가 남아 있다. 내일 아침 일찍부터 도축이 시작될 것이다. 돼지고기 부족 사태가 발생해서는 절대 안 될 일이니까. 그 차가운 시멘트 바닥에서 돼지들이 죽음을 기다리는 동안 나는 버스를 타고 집에 가서 밥을 해서 먹고 잠을 자고 일어나 다시 출근하고 휴게실에서 커피를 마실 것이다. 밤새 계류장에 있을 돼지들은 겨우 사료 몇 삽을 받아 게 눈 감추듯 먹어치웠다.

돼지 한 마리가 절룩거린다. 부자연스러운 각도로 꺾인 앞 다리에 큰 상처가 입을 쩍 벌리고 있다.

"자세히 봐야겠어요." 오늘 나와 같이 일하는 수의사 군나르에 게 내가 말한다. 돼지는 돈방으로 절룩대며 들어간다. 우리도 돼 지를 따라 들어간다. 동시에 다른 돼지들이 뒤따라 우르르 들어 온다.

"한참 전에 생긴 골절일 수도 있어요. 우리가 한번 봤으면 하 는데요." 군나르가 기사와 스벤에게 양해를 구한다.

두 사람이 한숨을 쉬더니 그 돼지를 붙들려고 한다. 돼지가 돈 방 이쪽에서 저쪽으로 도망치다가 그만 젖은 바닥에 쭉 미끄러 진다. 돼지는 필사적으로 달아나려 하고, 그러느라 걸음을 옮길 때마다 상태가 더 나빠진다. 결국 돼지를 통로로 밀어 넣는 데 성 공하지만 돼지는 상체를 숙이고 숨을 헐떡인다. 한 젊은 남자가 볼트총을 들고 와서 돼지 이마에 대고 방아쇠를 당긴다. 돼지는 마비된 듯 가만히 서 있다. 헛방이다. 기사의 동료가 크게 웃는 다. 다시 총을 쏘자 이번에는 제대로 작동했는지 돼지가 옆으로 픽 쓰러진다. 경련이 잦아들고 뿜어져 나오던 피가 멈추자 군나 르가 호스로 돼지 몸을 씻기고 앞다리를 촉진한다. 골절이 아니다. 그 부위를 갈라 보니 오래된 듯한 큰 종기가 들어 있다. 다리가 부러진 돼지를 실었다고 우리가 은근히 책망했던 탓에 기사는 마음이 상했다. 군나르는 실수해서 창피한 모양이다. 나도 그렇다. 괜스레 돼지의 마지막 길을 더 힘들게 만들었으니.

도축작업장에서 한 번의 칼질로 심장을 꺼내는 연습을 한다.

"인간의 심장은 돼지 심장하고 똑같아요. 그렇지요." 군나르가 말한다.

나한테 묻는 것인지 그렇다고 단정하는 것인지 확실치 않다. "네"라고 대답하면서 나는 돌아가실 때까지 10년 동안 돼지 심장판막을 달고 사셨던 할머니를 생각한다. 우리 심장은 돼지와 너무 닮아서 인간의 심장을 아예 돼지 심장으로 대체하는 연구가 진행 중이다. 이 근육은 고된 노동에 시달리는 세포들로 이루어져 있고 크기가 내 손바닥보다도 크지 않다. 나는 돼지의 가슴을 칼로 갈라 흉강에서 피에 젖은 덩어리를 꺼낸다. 심장은 와인처럼 붉게 반짝인다. 거의 검은색에 가까운 붉은 빛이다. 하얀 심장판막은 작은 실을 이용해 심장 벽에 딱 붙어 있다. 흉강 안의 피는 색깔이 더 밝고 끈적인다. 피의 색깔이 이토록 다채로울 수 있다니 참 놀랍다.

수의사 검사대가 조용해지자 나는 코팅된 '도축육 결정문'을 들춰 본다. 어떤 고기를 식용으로 분류하고, 어떤 고기를 식용불

가로 분류할 것인지를 정한 국립식품청의 권고 사항이다. 나흘이 지나고 보니 나는 나의 즉흥적 판단이 법 규정과 항상 일치하지는 않는다는 사실을 깨닫는다. 상처와 질병은 보기에는 흉하지만 절대 그 고기를 먹을 수 없다는 뜻은 아니다. 가장 중요한 기준은 '급성'과 '만성'이다. 종양이나 오래된 폐렴 같은 만성 질환에 시달린 돼지라도 많은 경우에 변형된 조직만 제거하거나 내장만 폐기하고 나머지는 먹을 수 있다. 하지만 폐나 신장 경색을 일으키는 급성 감염처럼 몸 전체에 영향을 주는 질병의 증상이 보이면 그 돼지는 통째로 폐기해야 한다.

○　○　○

오후에 군나르와 함께 다시 수의사 검사대에 서 있다. 그가 이제는 나더러 해보라고 권한다. 꼬리를 물어뜯긴 돼지 한 마리가 우리 쪽으로 밀려오다가 컨베이어벨트가 갑자기 멈추자 흔들흔들한다. 군나르가 내게 고갯짓을 한다.

"해봐요."

나는 한 걸음 앞으로 다가선다. 반으로 갈린 돼지 몸뚱이는 뒷다리가 매달려 있고 눈을 꾹 감은 얼굴이 바닥에 닿을 듯 흔들거린다. 나는 양쪽 몸의 가운데 부분을 잡고 돌리며 이리저리 살핀다. 이제 막 솔질을 마친 뒤라서 피부에 갈색 생채기가 보인다. 어제의 전쟁 흔적이다. 피부는 선홍빛이고 약간 거친 느낌이다.

꼬리는 물어뜯겼지만 다시 아물어서 짧고 빳빳하게 위로 치켜서 있다. 들어낸 항문과 대장은 그릇에 놓여 있다. 그 옆에는 심장과 폐와 다른 내장들이 갈고리에 걸려 있다.

뜯긴 꼬리는 좁다란 척추체(척추뼈의 앞쪽에서 몸무게를 지탱하는 타원 기둥의 토막과 같이 생긴 부분-옮긴이)로 구성되며 척추로 이어진다. 척추체 한가운데를 가르면 척추관이 보인다. 척추관은 척추에 미치는 충격을 감소시키는 완충작용을 하는 관으로 그곳으로 흰색 띠 모양의 척수가 지나간다. 불과 한 시간 전만 해도 이곳에서 뇌와 나머지 신체 부위들로 신경 자극을 전달했을 것이다. 척수와 주변 조직에는 종양이 없다는 확신이 든다. 척추체 틈에 완충작용을 하는 추간판에서 젤리같이 생긴 반짝거리는 덩어리가 흘러나온다.

몸통 바깥을 훑어보니 넓적다리의 균형이 맞지 않다. 오른쪽의 툭 튀어나온 부분을 칼로 잘라내니 종기가 드러난다. 아마 전에 상처가 났던 자리에 감염된 모양이다. 백황색 고름이 돼지 하체와 내 앞치마에 튄다. 옆에 서서 내 지시를 기다리던 작업장 도축사 이반이 나의 불운에 씩 웃으며 한숨을 쉰다. 고약한 냄새에 그가 코를 찌푸리며 호들갑스럽게 뒤로 물러난다. 그러고는 칼을 갈아 세 번의 간결한 손동작으로 종기를 잘라내서 창자가 들어 있는 스테인리스 그릇(폐기물용 스테인리스 통)에 던진다. 나는 최대한 숨을 얕게 쉬려고 애쓰며 그것을 살핀다. 결체조직(세포나 여러 가지 조직, 기관 등의 사이에 있으면서 이들을 연결하는 결합 역할을 한다—옮긴이)으로 둘러싸인 고름을 내가 그만 실수로 터뜨린 것이다. 그것은 곧 만성 종기라는 뜻이다. 신체 스스로 박테리아를 포위해버릴 정도로 돼지에게는 시간이 충분했다는 소리다. 나는 종기를 폐기물 통에 던지며 고름으로 더러워진 돼지의 피부 부위를 잘라내는 이반을 바라본다.

다시 검사를 이어간다. 매끈하고 균형이 맞아야 정상인 가슴막이 분홍 수포 발진으로 덮여 있다. '코드 76이군.' 나는 생각한다. 도축한 돼지에게서 가장 흔히 볼 수 있는 질병, 늑막염이다. 폐 한 조각이 흉강 벽에 달라붙어 있다. 아마 숨 쉴 때마다 그 조각이 당겼을 것이다. 사람 같았으면 통증과 호흡곤란에 시달렸을 것이다.

"잘라내야겠죠?" 군나르에게 묻자 그가 고개를 끄덕인다. 이반이 손가락 끝으로 늑막 아래쪽을 잡아 뜯어내자 건강한 근육이 나타난다.

이제 이 신체에서 투쟁의 흔적은 모두 사라졌다.

갈고리에 걸린 내장 쪽으로 다가가 먼저 혀를 살핀다. 식도에 짚이 붙어 있다. 암퇘지가 어제 먹은 사료 찌꺼기일 것이다. 횡격막이 간과 함께 갈고리에 걸려 있었다. 횡격막은 우리가 숨을 쉬면 수축하는 얇고 납작한 근육이다. 흉골과 늑골에 붙어 있지 않다면 축 늘어진 근육 조각에 불과할 것이다. 폐가 딱딱하고 울퉁불퉁하다는 느낌이 들고 조직 곳곳에서 작은 고름 주머니가 발견된다. 이것 역시 이 녀석이 다음 공정으로 넘어가지 못하고 수의사 검사대로 방향을 튼 이유 중 하나일 것이다. 폐가 감염된 데다 꼬리까지 뜯겨 나가면 도축육 전체가 식용불가 판정을 받을 수 있다. 그것이 아직도 진행 중인 급성 감염이라면 말이다. 뜯겨 나간 꼬리는 벌어진 상처이다. 그곳으로 박테리아가 침입해 혈액순환계로 들어갈 수 있다. 이 돼지도 그런 경우인지 알아보기 위해 우리는 폐와 신장의 경색 징후를 살핀다.

나는 양손으로 폐를 쭉 쓰다듬는다. 바깥쪽에 검은 얼룩이 있다. 죽을 때 생긴 출혈이다. 또 꽉 찬 고름 주머니처럼 툭 튀어나온 딱딱하고 하얀 부위가 있다. 그것을 살짝 눌러본다. 옆에선 군나르가 폐엽을 집는다.

"이것 봐요." 그가 종기 하나를 자른다. 걸쭉한 알갱이 모양의 고름이 흘러나온다. "결체조직이 곳곳에 형성되었어요. 그러니까 만성이죠."

나는 고개를 끄덕인다. 그리고 양쪽 신장을 집는다. 양쪽 모두 지방으로 싸여서 각자의 요관(신장에서 방광으로 오줌을 보내는 가늘고 긴 관-옮긴이)에 매달려 있다. 매끈하고 단단해서 젖은 내 손안에서 자꾸 미끄러진다.

"여기 보면 신장 경색은 없었어요." 군나르가 말한다. "그러니까 내장만 버리고 몸통은 통과시킵시다."

나는 갈고리에 걸린 내장을 뽑아내서 폐기물 벨트에 던진다. 그리고 스테인리스 그릇에 담긴 비장과 창자를 살핀 후 그릇을

엎는다. 거기 담긴 것이 다 홈 통으로 미끄러져 들어간다. 그릇 구석에 항문이 붙어 있다. 주름이 자글자글하다. 스테인리스 그릇에 빠져 길을 잃은 호기심 많은 금잔화 한 송이다.

나는 이반에게 고갯짓을 하고 돼지 다리에 붙은 메모지를 떼어낸다. 그가 꼬리를 자르고 허리를 굽혀 귀도 잘라낸다. 버튼을 누르자 돼지 몸통이 움직이기 시작한다. 이제 이 녀석은 청소 공정을 거쳐 인장이 찍히고 해체될 것이다.

군나르의 도움을 받아서 얼룩진 모니터에 코드를 입력한다. 꼬리 상처 58, 종기 30, 늑막염 76, 폐렴 64.

"새로 왔어요?" 잠시 후 이반이 묻는다.

군나르는 동료와 이야기 중이다. 마침 검사할 돼지가 하나도 없다.

나는 귀마개를 옆으로 민다. "일주일됐어요. 오래 근무하셨어요?"

"18년이요."

"마음에 드세요?"

"글쎄." 그가 어깨를 으쓱한다. "어쩌겠어요?"

그가 나직이 웃고는 머리 위에 걸린 모니터로 시선을 돌려 시간을 확인한다. 그는 45분마다 교대를 한다. 힘든 일이 한 사람에게 몰리면 건강에 해로울 수 있기 때문이다.

"죽은 동물들하고 일하는 게 좋아요?" 지난 몇 년간 동물병원에서 일했다고 말하자 나에게 그가 이렇게 물으며 표정을 살핀다.

"내장이 어떻게 작동하는지 가까이서 보니까 재미있네요. 비대해진 림프샘을 볼 수 있잖아요." 나는 대답하며 아래 계류장에 갇힌 동물들을 떠올린다. 그 녀석들은 아직 살아 있다.

"아, 네. 그렇군요……."

그가 내 말을 진심으로 납득한 것 같지는 않다.

5일

오늘은 금요일이다. 일주일이 지났다. 산드라는 내가 너무 잘해서 감탄했다고 칭찬한다. 나는 칼질 두 번으로 심장을 해부하는 방법을 배웠다. 심지어 한 번에 성공할 때도 많다. 그러다 뿌듯해하는 자신을 발견하고 깜짝 놀란다.

계류장에서 일할 때는 신경이 곤두선다. 돼지를 모는 광경을 보고 있기가 힘들다. 수송 트럭 기사들은 대부분 그렇고 직원 중에도 몰이채로 돼지들을 때리는 사람이 있다. 한마디 하고 싶은데 꾹 참는다. 오후에 안데르스가 어떻게 지내냐고 인사를 건넨다.

"돼지를 몰 때 너무 많이 때려서 보기 힘드네요."

그가 고개를 끄덕인다. "때에 따라 다른데 어떨 땐 진짜 심하게 때려요. 몰이채는 때리는 용도가 아닌데. 사실 뒷벽을 치는 것도 안 되거든요." 그가 한숨을 쉰다. "성격이 느긋한 기사님들도 있기는 하죠. 의외로 그럼 더 잘 돼요. 놔두면 돼지들이 알아서 내려오거든요. 시간을 조금만 주면 될 텐데 다들 너무 급해요."

"어떤 방법이 있을까요?"

"사람들한테 말해야죠. 계류장 책임자에게 지적하면 한동안은 좀 괜찮거든요. 그러다가 다시 느슨해지고, 그럼 또 말해야 해요."

들다 보니 마음이 가벼워진다. 그러니까 다들 아는 문제다. 법적 규정을 어떻게 해석할지를 두고 모두의 의견이 일치한 것이다. 매질은 금지다. 기사들이나 계류장 직원들 옆에 서면 나는 참 왜소하지만, 머리에 쓴 파란 헬멧은 권력의 상징이다. 국가가 파견한 감사관이라는 나의 직책은 내 감정이나 의견이 아닌 법을 따를 의무를 부과한다.

"매질에 대해선 무관용 원칙을 적용하면 안 될까요? 그래도 안 되면 그냥 몰이채를 몰수해버리면요?"

안데르스가 의자를 돌려 다시 컴퓨터 쪽으로 향한다. "뭐, 그것도 좋겠네요."

잠시 후 나는 계류장에 내려가 돈방을 살핀다. 공간이 너무 좁다 보니 돼지들이 서로를 물어서 목이 시뻘겋게 부었다. 몇 마리는 여전히 싸우고 있어서 피의 윤무를 추듯 돌아가며 서로에게 달려든다. 이미 서로에게 적응한 무리가 수송 도중 다른 무리와 뒤섞인다. 게다가 도망칠 방도도 없어서 쉽게 몸싸움을 한다. 돼지 한 마리가 구석에 박혀 몸을 사리고 있다. 물린 자국이 대리석 문양 같다.

나는 녀석들의 관심을 돌리려고 돈방 안으로 손을 뻗는다. 세 마리가 곧바로 내게로 달려와 꿀꿀거리면서 나를 흘깃거린다. 한 마리는 내 윗옷 소매를 씹기 시작한다. 또 한 마리는 조심조심 내 손을 슬쩍 민다. 세 번째 녀석은 가만히 서서 냄새를 맡으면서 내 눈을 빤히 쳐다본다. 실수로 몸에 생채기가 나거나 칼에 베이면 어떤 기분일지 상기해본다. 따끔하다가 이내 욱신욱신 쑤시는 그 통증을. 돼지와 사람의 피부는 너무도 비슷해서 흔히 피부 통증의 정도를 측정하는 동물실험은 돼지한테 한다. 그러니까 과학적 지식에 따르면 내가 아픈 상처는 돼지들도 아픈 것이다.

나는 쪼그려 앉아 손을 창살 사이로 더 멀리 뻗는다. 돼지들이 내게로 몰려오지만 맨 뒤에 있는 녀석들은 앞으로 밀고 나올 수가 없다. 스웨덴에선 도축용 돼지를 사육할 때 마리당 약 1제곱 미터의 자리를 확보해야 한다. 여기 계류장은 그보다 훨씬 좁다. 그렇게 좁은 공간에서 살면 어떤 기분일까? 누군가를 밟지 않으면 한 걸음도 걸을 수 없다면?

한 동료가 내 옆에 와서 선다. 군나르다.

"정말 좁아요." 내가 말한다.

"그렇죠. 이 녀석들이 덩치가 커요. 사실 아직 애기들인데. 집중 비육을 하니까." 그가 웃는다. 무장해제를 시키는 웃음이다.

7일

    오늘은 처음으로 혼자서 일한다. 아스팔트가 깔린 계류장 앞 공터의 벤치에 앉아 다음 수송 트럭이 오기를 기다린다. 스마트폰도, 라디오도, 읽을거리도 안 가져왔다. 나는 무작정 앉아서 기다린다. 해가 트럭세차장 저 위에 떠 있다. 트럭들이 다시 밖으로 나가기 전에 차에 묻은 짚과 오물을 씻는 곳이다. 정반대편 울타리 바깥엔 합각머리(지붕 위의 양옆에 박공으로 '人' 자 모양을 이루는 합각이 있는 지붕의 옆면-옮긴이) 지붕을 머리에 인 주택이 도축장과 마주 서 있다. 커튼이 쳐져 있다. 내 오른쪽에는 컨테이너가 하나 놓여 있다. 누가 잘못 쓴 줄도 모르고 털을 '틸'이라고 크게 써 놓았다. 컨테이너엔 천장까지 돼지털이 꽉 들어차 있다. 위층의 탕박 공정에서 이곳으로 연결해둔 관에서 엄청난 양의 털이 물에 젖은 굵은 유리섬유처럼 쏟아져 나온다. 앞쪽 아스팔트에는 돼지 발굽의 각질이 흩어져 있다. 뽑힌 손톱처럼 너무 가벼워서 바람이 각질들을 데리고 놀고 있다.

    계류장에 도착한 수송 트럭이 정확하게 후진해서 적재 사다리에 짐칸을 갖다 붙이자 나는 자리에서 일어난다. 트럭 환기구로 돼지 코가 보이지만 아주 조용하다. 기사가 나를 보며 미소 짓고는 트럭 짐칸 문을 연다. 3층 적재함이 꽉 찼다. 그가 돼지들 사이를 뚫고 들어간다. 돼지들이 꽥꽥 비명을 지르며 이리저리 달려들고 서로의 등에 올라타며 도망치느라 야단이다. 그가 몰이채를 마구 휘둘러대자 돼지들이 소스라치게 놀란다. 돼지 한 마리가 너무 속도를 내다가 넘어져서 다시 일어서지 못한다. 또 한 녀석은 방향을 잘못 잡아 뒤로 가다가 기사에게 코를 정통으로 얻어맞는다. 기사가 고개를 들다가 나랑 눈이 마주친다. 잠시 후 그가 내게로 다가온다.

"안으로 들어가기가 힘들어요. 돼지들이 꽉 차서 틈이 없거든요."

"그러게요." 나는 어떻게 운을 떼야 좋을지 몰라 망설인다. 예전에 한 동료가 이런 말을 했다. **미움받지 않으려면 내 편으로 만들어야 한다.**

"몰이채를 휘두르지 않아도 괜찮지 않아요? 30분만 두면 알아서 내려갈 텐데요."

"물론이죠." 그가 대답한다.

그러더니 다음 적재함을 내리고 똑같은 절차를 되풀이한다. 몰이채를 휘두르며 트럭 안으로 들어가서 맨 뒤에 있는 돼지들을 때린다. 어차피 그 녀석들은 꼼짝도 할 수 없는데 말이다. 내 말을 못 들었거나 못 알아들었을 수 있다. 너무 시끄러워서 소통하려면 바짝 붙어야 한다. 트럭 문을 닫는 그에게 내가 말한다.

"그 몰이채 말이에요. 안 때리고 몰 수는 없을까요? 스트레스

받을 거예요."

그가 움칠하더니 큰 소리로 말한다. "설마 내가 **때린다**는 말을 하려는 건 아니겠죠!"

"얼마나 스트레스 받는지 보시잖아요."

그가 고개를 절레절레 젓더니 휙 돌아서 적재 사다리의 셔터를 내린다.

꼬리가 물어뜯긴 돼지가 많다. 눈으로 봐서도 아직 아물지 않은 상처가 있으면 애당초 도축장에 보내서는 안 된다. 농장에서 죽이거나 상처가 아물 때까지 사육장에 따로 두어야 한다. 벌어진 상처가 아프고 성가시며, 수송 중에 스트레스를 받은 다른 돼지들이 그런 상처를 미친 듯이 물어뜯는다. 더구나 꼬리 상처는 잘 곪는다. 그래서 몸에 감염원이 생길 수 있고, 그럼 그 고기는 전량 폐기해야 한다. 시간을 주면 결체조직으로 감싼 혹이 감염원을 둘러쌀 것이고, 그럼 그걸 잘라내 버리면 된다.

계류장 교대 시간이 다가올 무렵, 부은 꼬리에 상처가 벌어진 돼지 한 마리가 눈에 띈다. 같은 돈사에 있는 돼지들이 녀석의 꼬리를 물려 한다. 녀석은 귀를 앞으로 향한 채 구석에 서서 엉덩이를 벽에 대고 방어하려고 애쓴다. 그 순간 암퇘지 열두 마리를 실은 수송 트럭이 도착했는데 그중 여러 마리의 발굽이 지나치게 길다. 발굽이 길면 네 발에 골고루 힘을 싣기가 힘들고 통증이 생길 수 있다. 나는 수산네를 기다렸다가 지역 동물수송 담당 관청에 어떻게 사실을 고지해야 하는지 묻는다.

수산네가 꼬리가 뜯긴 돼지를 살펴본다. "이건 애매하네요."

우리는 암퇘지한테 건너간다. "농가에서 발굽을 잘라주려 한 것 같긴 하네요. 문제는 돼지들이 자유롭게 걸어다니는 걸 봤으면 좋겠는데 그러자면 또 발굽 관리가 힘들어져요."

"네, 하지만 무슨 방도를 찾아야죠." 내가 말한다. 내 목소리에서 긴장이 느껴진다. 얼른 도축작업장으로 가서 교대해야 할 텐데 벌써 늦었다. 관청에 어떻게 신고하는지 누구든 가르쳐주면 좋지 않을까? 혼자 일한 첫날인데 확실한 문제를 두 건이나 그냥 넘어가고 싶지 않다.

나는 수산네에게 묻는다. "어떻게 할까요?"

"스벤에게 가서 암퇘지랑 같이 받은 서류를 달라고 하세요."

우리는 스벤한테 가서 서류를 넘겨받는다. 수산네는 아무 말도 하지 않는다. 이걸로 뭘 어떻게 해야 할지 암담하다.

"도대체 시스템이 있기나 해요?" 나도 모르게 불퉁거리며 이런 말이 튀어나온다.

수산네가 얼굴을 굳힌다. "무슨 말이에요. 당연히 있죠." "네. 그렇지만 너무 번거롭잖아요. 그리고 계류장 직원들은 무슨 말만 하면 짜증부터 내고……."

"조급하게 굴지 말아요. 배우면 되죠. 내일 같이 살펴봅시다."

나는 서류를 호주머니에 쑤셔 넣고 허둥지둥 도축작업장으로 달려간다. 한 시간 후 수산네가 나와 교대한다.

"계류장에서 힘들 수도 있어요. 하지만 먼저 웃어 봐요. 그럼 직원들도 친절할 거예요."

8일

　돼지 네 마리가 이산화탄소 가스실로 가는 통로에서 대기 중이다. 한가하다. 지금 이 순간엔 아무도 녀석들을 몰아대지 않는다. 직원 휴식시간이다. 그런데도 돼지 한 마리가 도망치려고 사력을 다한다. 철문 밑으로 들어가려고 낑낑대지만 틈이 많아 봐야 15센티미터밖에 안 되니 불가능하다. 그런데도 녀석은 포기하지 않는다. 다른 도주로는 없다. 녀석은 연신 문을 치고 밀다가 다시 한번 힘을 모아 문을 민다. 나는 잠시 거기 서서 절망적인 녀석의 탈출 시도를 지켜본다. 그리고 화장실로 가서 운다.

　돼지 한 마리가 수송 트럭에서 내려오지 않는다. 기사가 몰이채로 때려도 봤다가 뒤에서 밀어도 봤다가 꾀어도 봤다가 별 궁리를 다 낸다. 하지만 도무지 잡히지 않는다. 기사의 이마에 땀이 맺히고 입에서는 욕이 튀어나온다. 돼지는 트럭 안으로 더 들어가 구석에 바짝 붙는다. 결국 기사가 빨간 돼지 몰이판을 집어 들더니 온 힘을 실어 돼지를 적재 사다리 쪽으로 민다. 그야말로 힘겨루기다. 돼지는 침묵의 저항을 포기하지 않고 자발적으로는 단 한 걸음도 사다리 방향으로 내딛지 않는다. 녀석이 우리 옆을 지날 때 나는 고개를 돌린다.

벵크트는 티셔츠를 입고 장화를 신고 가슴까지 오는 피 묻은 고무바지를 입었다. 휴식시간에 그는 돈방 울타리에 기대 돼지머리를 쓰다듬는다. 다른 손에는 몰이채를 들었다. 가스실로 가는 마지막 구간에 그것으로 돼지를 몬다. 나는 그에게 미소 짓는다. 이런 환경에서 만난 부드러운 몸짓이 나를 감동시킨다.

"정말 귀여워요. 귀여워." 그가 말한다.

저마다 몰이 방법이 다르다. 어떤 사람들은 돼지와 거의 접촉하지 않으면서 뒤에서 몬다. 때리고 또 때리는 사람들도 있다. 몰이채가 리드미컬하게 코와 엉덩이, 얼굴을 때린다. 한 직원이 돈방에서 이산화탄소 가스실까지 쉬지 않고 돼지를 때리는 광경을 목격한다. 나와 눈이 마주치자 잠깐 멈추었지만 다시 돌아서 몰이채를 휘두르며 전 구간을 때린다. 나는 밖으로 나가 구간의 반대편 끝에서 그를 기다린다.

"그거 좀 안 하시면 안 될까요?" 내가 몰이채를 가리키며 말한다. 그가 걸음을 멈추고 나를 빤히 쳐다본다. "이거요? 나도 안 하고 싶어요. 근데 나더러 하라잖아요. 좋아요. 그럼 내가 선물로 드릴게요. 이거 갖다가 집에서 놀아요." 그가 나한테 몰이채를 주며 돈방 구석에 놓아두라고 말한다.

몇 시간 후 계류장에 갔더니 그가 소리친다. "여기, 여기요. 저거 봐요." 그가 한쪽 방향을 가리킨다. 몰이채가 여태 돈방에 그대로 놓여 있다.

점심시간에는 농담 따먹기를 한다. 나는 잠시 내가 어디에 있고 뭘 하고 있는지를 잊는다. 벽 너머에서 돌아가는 컨베이어벨트의 소음도 못 듣고 있다가 휴게실에 빨간불이 켜지면 움칠 놀란다. 점심시간이 끝났으니 다시 도축작업장으로 가야 한다는 신호이다.

9일.

　　새로 온 수의사가 스페인어를 할 줄 안다는 소문이 돈다. 도축장 직원 몇이 나한테 와서 테스트해본다.

　　"못하는 게 없네요." 나는 아직 입도 뻥긋 안 했는데 칼레가 지레 감탄을 해댄다. 칼레는 쉰 살쯤 된 도축사로 여기서 오래 일했다. 원래는 아버지처럼 파일럿이 되고 싶었단다. 하지만 비행은 미래가 없다고 확신한 아버지가 아이들을 말렸다. 그래서 칼레는 목수가 되었지만 90년대 초 경제 위기가 찾아오면서 직장을 잃었다.

　　"그때 친척이 돈을 안 빌려줬으면 아마 죽었을 거예요. 원서를 200군데 넣었는데 한 군데도 오라는 데가 없었거든요. 그러다가 도축장에 원서를 넣었는데 전화가 와서 구경을 오라는 거예요. 견학이 끝나자 이렇게 말했어요. '실신을 안 했으니 합격입니다. 내일부터 시작할 수 있어요?' 그때부터 여기서 일했어요." 그가 미소 짓는다. "늘 말하지만 다 아버지 탓이에요."

　　매일 오후에 실려 오는 돼지들은 이곳에서 하룻밤을 보낸다. 녀석들에겐 세 삽 분량의 짚을 깔아주고 세 삽 분량의 먹이를 준다. 회색의 작은 곡물 펠렛(Pellet, 식물이나 나무를 톱밥과 같은 작은 입자 형태로 분쇄·건조·압축해 작은 알갱이 모양으로 성형한 제품-옮긴이)이다. 제조사의 말에 따르면 이 사료는 '성장을 촉진하고 살이 잘 찌도록' 도와준다. 하지만 마지막 날이니만큼 살을 찌우기보다는 배부르게 먹여야 옳지 않을까? 게다가 돼지의 혀에는 인간의 혀보다 맛봉오리(사람의 맛봉오리가 약 3천~1만 개인 데 비해 돼지의 맛봉오리는 1만 5천 개 정도이다-옮긴이)가 더 많으니 마지막 잔치로 감사의 인사를 전하고 작별을 고해야 하지 않을까? 마지막 날 밤에 먹이를 주는 이유는 법이 명령하기 때문이다. 밤에는 돈방 하나에 열일곱 마리 돼지를 밀어 넣는다. 지금껏 배터지게 먹었던 열일곱 마리 돼지가 세 삽 분량의 사료를 나누어 먹어야 한다. 먹으나 마나 한 양이다.

나는 도축장 동물보호 문제에 관심이 많은 노련한 동료 사라에게 어느 정도의 사료를 먹이는 것이 타당한지 묻는다.

"제가 보기엔 그냥 형식상 주는 것 같거든요."

사라가 안경을 이마로 밀어 올리며 컴퓨터를 들여다본다. 그리고 모니터에 뜬 글을 읽는다.

"유럽연합 규정에 따르면 '적정한 양'의 사료를 주어야 한다고 되어 있고요, 다른 규정들은 '넉넉한 양'을 주어야 한다고 되어 있어요."

"열일곱 마리 돼지에게 세 삽은 적정하다고 볼 수 없어요." 내가 말한다.

"돼지들이 배가 고픈 것 같아요?"

"네……, 아니 그렇다기보다는…… 스트레스를 받는 것 같아요. 사료를 두고 싸우는 걸 봤어요."

"돼지들이 어떤지 어떻게 알아요?" 사라가 묻는다. "시간이 좀 지나면 대부분 다시 안정을 찾아요. 그리고 도축할 애들이라는 걸 잊지 말아요. 위장에 사료를 10킬로그램이나 담고 있어서는 안 되죠. 오염 위험이 높아지니까."

"하지만 그 법은 누구를 위해 만든 건가요? 배고픔을 해결해주지 못하는데 그런 법이 무슨 소용이 있어요?"

"법은 '적정한 양'이라고 했고, 판단은 우리 몫이에요. 그리고 우리는 매일의 실무가 도축장 기준에 맞는지 살피면 되고요." 사라가 말한다.

"그럼 그 기준은 누가 정해요?"

"도축장 자체에서 정하죠. 법을 기초로 삼아서."

동료들이 작성해놓은 동물보호 실태조사 보고서를 읽는다. 도축장은 지역 담당 관청이 사업장의 각 공정을 조사하는 시간에 대해 조사비를 지급해야 한다. 수의사는 사업장 대표와 함께 계류장으로 가서 체크리스트에 있는 여러 항목을 검사한다. 보고서는 짧고 표준서식에 따라 비슷비슷한 점검 결과를 담고 있다.

몰이: 특이사항 없음. 몰이채와 몰이판 사용.

사료: 사업장 대표의 말에 따르면 밤을 보내는 동물에게 사료와 짚을 제공함.

밀도: 무작위로 선별한 3열 F 돈방의 돼지 숫자는 도축장 기준에 맞았음.

이의제기가 전혀 없다는 사실에 나는 충격을 받는다. 동시에 나는 조사에 참여할 자격이 없다는 사실을 문득 깨닫는다.

10일.

　돼지 한 마리가 수의사 검사대로 실려온다. 샅굴 한쪽에 림프샘이 툭 튀어나와 있다. 두툼한 작은 손가락 하나 정도의 크기이다. 잘라내니 조직이 덩어리져 있고 피로 얼룩져 있으며 바깥은 연보랏빛이 감돈다. 크기로 미루어 보면 무릎이나 복사뼈 관절에도 뭔가가 있을 것 같다. 오른쪽 무릎을 절개하다가 자리를 잘못 찾아 무릎 연골을 건드리는 바람에 관절낭이 터지면서 걸쭉하고 탁한 활액(관절을 싸고 있는 활액막에서 분비되는 끈끈한 액체-옮긴이)이 돼지 허벅지를 타고 흘러내린다. 만성 관절염, 코드 32. 아마 걸을 때 아팠을 것이다.

　수의사 검사대에 같이 서 있던 도축장 직원이 나를 빤히 쳐다본다. 그는 나를 만나면 항상 이렇게 묻는다. "나 안 보고 싶었어요?" 지금은 내가 칼질을 잘못했기 때문에 고개를 절레절레 젓는다. 나는 그에게 무릎 관절과 목에서 발견된 혹을 잘라 달라고 부탁한다. 그가 돼지에게 다가가 칼을 휘두르자 돼지머리가 통째로 타일 바닥에 떨어진다. 무슨 이유인지 그 옆에 놓인 통이 아니라 바닥에 떨어져 있던 내장 옆으로.

　"살펴보세요." 그가 말하고 돌아선다.

이반이 그와 교대하자 나는 안도의 한숨을 쉰다. 이반은 지하의 해체 공정에서 일했는데 장갑과 모자를 쓰는 지하보다 지상이 백배 좋다고 말한다. "거기는 너무 추워요. 냉장실에서 일하잖아요. 너무 추워서 온몸이 뻣뻣해져요. 온몸이 쑤신다니까."

갑자기 사방에서 고함 소리가 울린다. "벨트 멈춰!"

우리 앞쪽에서 돼지가 걸린 갈고리 두 개가 서로 엉겼다. 금요일이라 문제가 생길까 봐 모두 노심초사한다. 오늘 오후에 도축이 예정된 돼지 700두를 퇴근 시간까지 처리하지 못하면 야근해야 한다. 한 남자가 달려와 갈고리에 걸린 피부 조각을 자르자 돼지들이 바닥에 털썩 떨어진다. 반 동강 난 돼지 몸뚱이 두 개가 벌어진 채 나란히 타일 바닥에 누워 있다. 컨베이어벨트가 다시 돌아간다.

계류장에서 기사 한 사람이 돼지들을 심하게 매질한다.

"그렇게까지 때릴 필요는 없잖아요." 결국 못 참고 내가 한마디 한다.

그가 나를 쳐다보며 화를 낸다. "뭐요?"

그 소리가 압력파처럼 나를 때린다. 그가 내 말을 알아듣고도 괜히 다시 묻는다고 나는 확신한다. 그는 대답 없이 화난 표정만 짓는다.

그후로 그는 나를 아예 쳐다보지도 않는다.

매주 금요일마다 수의사들이 미팅을 한다. 각자에게 돌아가며 발언할 기회를 준다.

"리나, 2주 지났는데 어때요? 할 만해요?"

나는 몇몇 기사들과 계류장 직원들의 돼지를 모는 방식에 문제가 있다고 말한다. 몰이채로 때리면 돼지가 스트레스를 받는다고 말이다.

팀장의 얼굴에 근심이 어린다. "매질은 안 돼요. 이름부터 몰이판과 몰이채이지 회초리가 아니잖아요."

반응이 의외여서 놀란다. 괜히 이런 말을 했다가 구박만 받을 것이라 예상했다. 계류장에서는 누구도 매질을 보고도 화가 난 것 같지 않았다.

"신참이니까 그걸 활용해요. 시간이 지나 익숙해지면 더 힘들어질 거예요. 리나는 신참이니까 허용되지 않은 방식의 몰이채 사용은 절대 용인할 수 없다는 점을 확실히 하고 금지할 수 있을 거예요." 팀장이 말한다.

누군가 옆에서 거든다. "그래도 말을 안 듣거든 돼지가 매질로 스트레스를 받으면 육질이 떨어지고, 등에 구타 흔적이 남으면 회사가 대량의 고기를 폐기할 수밖에 없다고 하세요. 그게 제일 잘 먹혀요."

나는 고개를 끄덕인다. 마음이 따뜻해진다. 이렇게 지지받을 줄은 몰랐다. 어쩌면 실제로 행동의 변화를 불러올 수 있을지도 모르겠다.

할 일이 너무 많다. 혼자 일을 시작한 일주일 동안 다섯 건의 동물보호 위반 사례를 관청에 보고한다. 추가 건에 대한 정보도 전달한다. 시스템에 일일이 입력하자니 번거롭기 짝이 없다. 나는 공무원이 되어 공무에 열중한다. 실질적인 문제를 다룬다는 기분이 나쁘지 않다. 문서를 복사하고 이런저런 양식을 채우고 모든 것을 정확하게 기입한다. 질병으로 폐기한 도축육 번호를 깜빡 잊고 적지 않아서 도축장 책임자에게 메일을 보내 사과한다. 결산이 정확해야 하니까.

문득 서류를 다루는 내 모습을 바깥에서 바라본다. 가슴이 뜨끔하다.

물건을 다루는 것 같다.

11일.

계류장에서 수송 트럭을 기다리고 있다. 셔터 문이 열려 있어서 계류장 입구 돈방의 돼지들에게 햇빛이 그대로 꽂힌다. 돼지 한 마리가 무척 피곤한 모양이다. 눈이 부신지 눈을 깜박이더니 드러누워 머리를 옆 친구의 등에 내려놓는다. 다른 돼지가 녀석의 옆구리 털을 씹는다. 처음에는 그냥 내버려두던 녀석이 다른 돼지의 동작이 너무 거칠어지니까 벌떡 일어나 괴롭히는 친구를 힘껏 떠민다. 하지만 자리가 없으니 도무지 밀려나지 않는다. 녀석은 주변을 둘레둘레 살피더니 한숨을 쉬고 다시 바닥에 털썩 주저앉는다.

스벤이 돈방 위에 달린 스프링클러를 작동시킨다. 조금이나마 더위를 식혀주려는 심산이다. 돼지는 땀을 흘리지 않는다. 그래서 수송 중에 열이 너무 오르면 죽을 수도 있다. 돼지는 보통 너무 더우면 진흙을 뒹굴며 목욕을 하지만 여기 이 녀석들은 평생 한 번도 목욕해본 적이 없다. 아마 평생을 시멘트 바닥에서만 살았을 것이다. 피곤한 돼지는 물이 떨어지는 동안 가만히 누워 있다. 다른 녀석들은 일어나 코를 빛과 물을 향해 쳐든다. 물에 떨어진 햇살이 굴절된다. 갑자기 무지개가 생긴다. 몇 초 동안 고요하다. 나는 모든 것을 잊고 햇빛과 가랑비에 젖어 쉬는 돼지들을 바라본다. 소음도 비명도 들리지 않고 오물도 시멘트 벽도 보이지 않는다. 나는 평화의 이 순간만을 보고 듣는다.

수송 트럭 여러 대가 동시에 들이닥치니 난리 법석이다. 기계가 망가져 잠시 정체가 발생하고 벵크트는 계류장이 터져 나갈까 봐 걱정한다. 모두가 서로를 향해 욕을 퍼붓고 고함을 지른다. 그것은 돼지들도 느낀다. 뭔가 날카로운 것이, 평소보다 더한 신경과민이 공기 중에 걸려 있다. 몰이채가 평소보다 더 빠른 속도로 돼지의 등을 때린다. 이산화탄소 가스실로 가는 마지막 통로에선 모든 돼지가 돌아서서 엉덩이를 곤돌라에 대고 버틴다. 앞으로 가지 않으려고 하고, 거기서 도망치려고 한다. 계류장 직원 파울이 돌아서려는 돼지 등을 몰이채로 후려갈기지만 역효과만 난다. 돼지들은 비명을 지르며 더 미친듯이 반대 방향으로 몰려간다. 절망한 파울도 같이 고함을 질러댄다. 호스를 낚아챈 그는 돼지들의 얼굴을 향해 분사량을 최고로 올린다. 돼지들이 눈을 질끈 감고 몸을 웅크리며 귀를 뒤로 젖힌 채 방향을 못 잡고 허둥댄다.

나는 그곳으로 다가간다.

"안 때려요." 내가 입을 열기도 전에 파울이 먼저 소리친다.

"그게 무슨 말이에요?"

"우리는 안 때린다고요. 그런데 이제 어째요? 돌아서서 안 가려고 하는데 어째야 해요?"

"오늘은 다들 스트레스를 받아서 때리는 것 같네요."

"안 때린다니까요. 교육받았잖아요. 근데 어쩌라고요?" 그의 말이 질문이라기보다 전투의 함성처럼 들린다.

벵크트가 동료에게 서두르라고 고함을 지른다. 돼지들을 이산화탄소 가스실로 보내야 한다. 다음 수송 트럭이 오는 중이고 계류장은 더 이상 자리가 없다. 직원들이 큰소리를 내며 몰이채로 벽을 때리다가 내가 자리를 뜨면 돼지들도 때린다. 벵크트마저 돼지 등을 때린다. 알아서 앞으로 가고 있는 녀석들을 말이다. 예전에 학교에서 왕따를 시킬 때와 같다. 아무 이유도 없이 때린다. 돼지들은 누구에게도 나쁜 짓을 한 적이 없다. 고기가 되어 우리 식탁에 오르기 위해 여기 와 있을 뿐이다. 그런데 고기가 되러 가는 길에도 매를 맞는다. 나는 울음을 터트리지 않으려고 용쓴다. 하지만 계류장을 나오자 나도 모르게 눈물이 터진다. 울음을 참으려니 목에 큰 덩어리가 걸린 것 같다. 나는 그 덩어리를 안간힘을 다해 꾹 삼킨다.

돼지 한 마리가 제대로 걷지 못한다. 비틀대다가 자빠진다. 나는 스벤에게 녀석이 다른 녀석들 틈에서 이리저리 떠밀리지 않도록 따로 도축장으로 몰고 가라고 시킨다. 스벤은 내 말을 무시하고 녀석을 다른 돼지들로 꽉 찬 돈방으로 데려간다. 그는 내 말이 들리지 않는 곳에 있다. 우리는 계속해서 밀려드는 돼지들과 울타리를 사이에 두고 각기 반대편에 서 있다. 그가 일을 마치자 나는 그에게 다시 한번 지시한다.

"네? 따로 분리하라고요? 괜히 더 괴롭혀요." 그가 물정 모르는 사람 대하듯 경멸조로 대답한다. 내 지시 대로 하면 어떤 일이 일어날지 아무것도 모른다는 듯 말이다. 좁은 돈방을 열고 돼지 한 마리를 꺼내려면 계류장 전체에 난리가 날 것이다.

"아까 대문에서 말했어요. 그때 분리했으면 간단했을 텐데요." 내가 말한다.

안데르스가 나와 교대하러 왔다가 내가 흥분한 것을 눈치챈다. 그는 나를 달래려고 그 돼지도 다른 녀석들과 같이 데리고 갈 수 있을 것이라고 말한다. "내가 조심조심 몰게 할게요."

"조심조심 모는 게 어떤 건지 모르는 사람들이라고요." 토라진 아이처럼 땅만 쳐다보는 내 목소리가 바들바들 떨린다.

나중에 안데르스가 말한다. 계류장 직원들이 좀 퉁명스럽게 대해도 마음에 담아두지 말라고. 스벤도 알고 보면 좋은 사람이라고. 그저 스트레스를 잘 못 참고, 일을 더 하는 것이 싫은 거라고.

오후가 되자 스트레스 지수가 하늘로 치솟는다. 평소 벵크트는 참 점잖은 사람인데 어제와 오늘은 몰이채를 자주 사용한다.

나는 그의 뒤를 쫓아가며 말한다. "벵크트, 벵크트, 벵크트……처음 왔을 때 동료들에게 당신과 일하고 싶다고 말했어요. 안 때려서 참 좋다고요. 근데 어제부터 왜 그래요?"

"그냥 스트레스가 너무 심해서요." 그가 미안하다는 듯 한숨을 쉰다. "맞는 말이에요. 평소엔 잘 안 때려요."

이산화탄소 가스실로 가는 몰이통로에 서 있다. 돼지들이 비명을 지르며 이리저리 곤두박질친다. 그러다 한 마리가 다른 돼지의 등에 올라 높은 철망을 넘어간다. 마지막 구간이 90도로 꺾이기 때문에 돼지들이 앞으로 움직일 수가 없다. 직원이 몰이채로 돼지 등을 휘갈기다가 내가 다가가자 벽을 때린다.

"통로가 이상해요." 말을 붙여보려고 먼저 내가 말을 건다.

"이거 완전 잘못 지었어요. 이렇게 모서리가 있으면 안 돼." 그가 대답한다.

"아시겠지만 몰이채로 때리면 안 됩니다."

그가 나를 째려보기에 나는 한마디 더 덧붙인다. "물론 이해해요. 곤돌라로 집어넣기가 쉽지는 않겠지요." 마지막 말을 뱉는 순간 나는 바로 후회한다. 마치 그의 행동을 용서한다는 듯이 들린다.

그가 눈썹을 치켜뜨더니 어깨를 으쓱한다.

잠시 후 나는 돈방 앞에 서서 울타리 틈으로 손을 밀어 넣는다. 당장 두 마리가 관심을 보인다. 녀석들의 코는 차갑고 축축하다. 내 손이 젖고 더러워진다.

벵크트가 지나가다 말을 붙인다. "언제까지 여기에 있을 거예요?"

"8월까지요."

"그때까지 못 견딜 것 같은데. 그렇게 가방끈이 긴 사람이 할 일은 아니지. 여기 뭐하러 왔어요?" 내가 미처 대답을 꺼내기도 전에 그는 통로를 내려가며 손만 들어 흔든다.

13일。

    도축작업장 청소부는 안 가는 곳이 없다. 여기선 대부분 직원을 만나면 고개를 끄덕이며 인사하지만 그는 한 번도 나와 시선을 마주친 적이 없다. 오직 자기 세계에만 갇혀 사는 사람 같다. 그의 가장 중요한 작업 도구는 물 호스이다. 그는 어디를 가나 호스를 들고 다니면서 타일 바닥에 고인 두꺼운 피를 물로 씻어낸다.

    수의사 검사대 뒤편으로 계단 하나를 더 올라가면 거기에도 검사대가 있다. 그 검사대에서 일하는 수의사 팀은 폐와 간을 담당한다. 그러다 보니 간엽과 폐엽이 자주 작업대 틈에 낀다. 청소부는 가끔 거기까지 올라가서 그것들을 깨끗이 치워준다. 작업장 저 뒤편에선 도축사들이 절반으로 가른 돼지 척추에서 흘러나온 척수를 흡입장치로 제거하여 그다음의 해체 공정을 준비한다. 그 아래쪽에선 폐기물 컨베이어벨트가 돌아가고 있다. 청소부는 꼼꼼한 눈으로 살핀 후 고무판으로 바닥을 쓸어 옆에 떨어진 것을 몽땅 치운다. 돌돌 말린 척수, 피, 지방층이 뭉친 그 곤죽을.

    시간이 느릿느릿 흐른다. 나는 도축작업장 수의사 검사대에 서서 병든 돼지가 오기를 기다린다. 어떨 땐 여러 마리가 잇달아 들이닥쳐서 교대 시간을 잊을 만큼 바쁠 때도 있다. 피부가 오염되었을 뿐인데도 이곳으로 오는 경우가 많다. 누군가 내장이나 종기를 자르다가 똥이나 고름이 돼지 몸통의 배나 다리로 흘러내린다. 동시에 여러 마리가 더러워지기 때문에 다음 공정에서 그걸 다 닦아낼 수가 없는 것이다.

하지만 교대 시간 내내 할 일이 없을 때도 있다. 그럴 때면 나는 지금처럼 열심히 일하는 직원들이 그득한 큰 작업장 한가운데에 서서 멍하니 기다린다. 내 눈은 어느새 이런 장면에 길들었다. 이 모든 장면을 처음 보았을 때 발휘되던 그 고도의 집중력은 다 흩어지고 그저 졸리고 요추가 아프며 거의 미친 사람처럼 시계를 자꾸 쳐다본다. 하루에 세 시간씩 세 번 교대한다. 세 시간은 계류장에서, 세 시간은 도축작업장 검사대에서, 세 시간은 사무실에서. 거기에 점심시간이 한 시간 추가된다. 자제하려고 애는 쓰지만 생각을 억누를 수가 없다. '이제 교대 한 번만 남았어!' 일을 바꿔가며 할 수 있으니 그래도 나는 운이 좋은 사람이다.

"안녕하십니까?" 이반이 내 얼굴 앞에서 손을 흔든다.

나는 고개를 들고 웃으며 귀마개를 옆으로 민다.

"자요?"

"졸리네요."

"이제는 할 만해요?"

"일이 없을 때는 따분해요." 내가 대답한다.

그가 이해한다는 듯 웃으며 고개를 끄덕인다. "처음에 여기 왔을 땐 나도 젊었어요. 그때는 봉사하는 직업을 갖고 싶었죠……. 세상 어딘가에서 애들을 도와주며 살고 싶었어요." 그가 말한다.

"다른 일을 찾아보지 그래요."

"흠, 그게 그렇게 간단한 문제가 아니에요. 그리고 이제는 그만 둘 수 없어요."

"왜요?"

"이젠 자식이 있으니까요. 먹여 살려야죠."

나는 작업장을 쭉 한번 살핀다. 컨베이어벨트가 일방적으로 리듬을 정한다. 절대 멈춰서는 안 된다. 나는 익숙한 솜씨로 병든 폐를 차례로 떼어내는 동료 스투레를 쳐다본다. 그는 내가 태어나기도 전부터 여기서 일했다.

이반과 교대한 직원이 자리로 온다. 나는 여전히 할 일이 없다.

"예전에는 지금보다 두 배나 많이 도축했어요." 그가 말한다.

"진짜요?"

"이 시설은 시간당 720두를 처리할 수 있어요. 그런데 지금은 기껏해야 시간당 480두죠."

"어쩌다 이렇게 되었어요?"

"흠, 돼지가 없어요. 수요가 줄었어요."

생각처럼 쉽지는 않을 것이다. 하지만 그의 말이 오래 머리에 남는다. 컨베이어벨트는 페르페툼 모빌레(Perpetuum Mobile, 영원히 돌아가는 기계-옮긴이) 같다. 하지만 10년 전만 해도 여기서 매일 6천 두의 돼지를 도축했다. 지금 같은 속도로 수요가 줄면 언젠가는 여기 이 모든 것도 역사의 한 페이지로 남을 것이다.

15일.

　오늘은 금요일이다. 휴식시간에 도축사 몇이 호스를 서로에게 겨눈다. 칼레가 검사대로 도망쳐 온다.

　"조심해요. 저 인간 제정신이 아니야." 그가 동료들이 다 들리게 큰 소리로 내게 농담을 한다.

　"여기 안 그런 사람이 어디 있어요." 내가 대꾸한다.

　"맞아요. 살짝 돌지 않고는 여기서 일 못 하지." 칼레는 고개를 끄덕이며 얼굴을 찡그린다. 우리는 하하 웃는다.

　다들 하루 종일 오후에 언제 끝날지 추측해댄다.

　"3시 45분이면 끝날 거야." 계류장에 있는 돼지의 숫자를 세더니 이반이 말한다. 시간당 480두를 처리하는 것에 벨트가 멈추는 경우의 수를 포함한 시간이다. 금요일에 도축이 일찍 끝나면 직원들은 바로 퇴근하거나, 휴게실에서 퇴근 시간까지 기다렸다가 수당을 받거나 둘 중 선택을 할 수 있다.

　"당연히 퇴근하지. 주말인데." 이반이 말한다.

　마지막 돼지의 목을 칼로 찌르자 벽에 걸린 모니터에 글자가 뜬다. "방혈 끝!!!" 마지막 돼지 몸통이 약 40분 후 도축작업장에 도착할 것이라는 뜻이다. 내장을 제거하고 나면 하루 일이 끝난다. 모니터에 감탄사가 세 개나 붙었다는 것은 너도나도 금요일 기분에 젖었다는 증거이다. 드디어! 무대 뒤에선 벌써 다음 팀이 출동을 준비한다. 우리가 칼을 놓자마자 기술자들이 기름으로 얼룩진 작업복을 입고 달려와 전체 설비를 점검한다. 그들이 공구통을 내려놓고 컨베이어벨트의 나사를 풀기 시작한다.

나는 복도를 걸어 통계과 문을 두드린다. 거기엔 도축장 직원 롤프가 앉아 있다. 우리는 그에게서 그날그날 도축되는 돼지들의 등록번호를 받아 컴퓨터에 입력한다. 롤프도 금요일 기분이다.

"내가 그린 그림 좀 봐요. 은퇴하면 이런 걸 할 거야." 돼지 피부에 인장을 찍은 번호 목록 옆에 잉크로 주사위를 그린 종이 한 장에 놓여 있다. 그가 종이를 뒤져 거미 그림을 자랑스럽게 내민다.

"이것도 내가 그렸어요."

다시 도축작업장으로 오니 아무도 없다. 벨트는 멈췄고 돼지 몸통들은 사라졌으며 환풍기 소음도 들리지 않는다. 검은 얼굴 보호대를 쓰고 초록색 고무옷을 입은 한 남자가 보인다. 그가 고압 물청소기를 들고 다니며 총기를 난사하는 살인범처럼 모든 것을 씻어낸다. 그는 내가 온 것을 모른다. 수증기가 자욱한 안개처럼 작업장에 걸려 있다. 천장에 달린 레일에서 세정제가 떨어진다.

탈의실에서도 나 혼자이다. 당장 퇴근할 기력이 없어서 나는 잠시 간이 옷장 옆 의자에 앉는다. 흰색 재킷의 손목 부분이 붉다. 오늘 일을 시작하자마자 손목 관절에 피가 튀어 흘렀다. 소매에는 내장을 제거하면서 똥이 튀었다. 나는 작업복을 벗고 모자도 벗는다. 아무리 오래 씻어도 소용없다. 냄새가 머리카락과 피부에 박힌다. 샤워장을 나와 다시 탈의실에 오니 비닐바닥의 작은 입자들이 젖은 발바닥에 달라붙는다. 맨발로 바로 도축작업장으로 들어간 기분이다.

16일

4주 차다. 나는 분초를, 날짜를, 교대 시간을 세지만 과연 내가 뭘 기다리는지는 알지 못한다. 교대 시간까지는 아직 40분이 남았다. 퇴근 시간까지 아직 세 번 더 교대해야 한다. 이번 주가 끝나려면 아직 나흘. 그러고 나면? 지금 나는 여기에 있고, 그 사실이 나를 온전히 압도한다.

도축사 세바스티안과 함께 수의사 검사대에 서 있다. 그의 작업복 셔츠가 살짝 벌어져 목에 묻은 피가 보인다. 우리는 강아지 이야기를 한다. 세바스티안이 갑자기 말을 멈추고 손을 씻더니 스마트폰을 꺼내(여기선 스마트폰을 쓸 수 없다.) 잠시 말없이 뒤적인다. 그리고 화면을 내게로 돌린다.

"루시예요. 정말 똑똑한 녀석이에요." 루시는 그가 졸린 것을 기가 막히게 알아차린다고 한다. 그가 잘 것을 알고 먼저 신이 나서 침대로 뛰어올라 간다고. 그러고는 그의 발치에 몸을 동그랗게 말고서 잔다고.

세바스티안은 25년 동안 여기 도축장에서 일했다. 일을 시작할 때 열여덟 살이었다.

"여기가 좋아요?" 내가 묻는다.

"흠, 아시다시피…… 직업 자체야 뭐 그리 좋지는 않죠. 승진하는 것도 아니고. 자동차 운전이나 수리처럼 다른 것을 해도 잘할 수 있을 거예요." 그는 이리저리 둘러보다가 컨베이어벨트의 직원들을 가리킨다. "하지만 우리는 멋진 팀이에요. 서로를 끌어주죠. 이 직업이 그래요. 머리통하고 발톱 담당은 좀 뿌루퉁할 수도 있겠지만요."

휴게실 신문꽂이에《사랑스런 꼬마 돼지》(스웨덴의 유명한 동화작가 울프 닐손이 짓고 에바 에릭손이 그림을 그린 동화책-옮긴이)가 꽂혀 있다. 어릴 적 수백 번도 더 읽었던 동화책이다. 누가 이것을 여기다 뒀을까? 왜? 이 동화책은 도축을 피하고 한 가정에 입양된 아기 돼지 이야기다. 아기 돼지는 집안에서 살며 밥도 식탁에서 먹고 목욕도 욕조에서 하고 밤에 잠도 침대에서 잔다. 하지만 돼지가 집안에서 키울 수 없을 만큼 자라자 가족들은 친구들과 함께 살라며 돼지를 태어난 농장으로 돌려보낸다. 농부는 그새 돼지가 다 자랐으니 잡아먹을 생각으로 다시 돼지를 키우려고 한다. 하지만 축사를 본 아기 돼지는 냅다 도망친다. 돼지는 들판을 달리고 호수에 들어가 목욕을 하고 숲속 흙에서 신나게 뒹군다. 돼지는 자유를 찾아 행복을 느낀다.

이게 진짜 사는 거지! 돼지는 그렇게 생각한다.

17일

동물보호 실태조사 공고가 난다. **동물의 몰이와 관리** 실태를 점검하는 조사이다. 나는 상사에게 나도 참여하게 해달라고 부탁한다. 임시직인 나는 그것을 할 수 없다. 이번 조사 책임자는 동료 마리아이다. 마리아는 양심적이고 의견이 뚜렷하다. 마침내 몰이채의 불법 사용을 거론할 수 있게 되다니, 나는 기대가 크다. 어떻게 이렇게 오랫동안 아무도 이 문제를 도축장 측에 말하지 않았을까? 도무지 이해되지 않는다.

마리아가 공장장에게 전화를 걸어 계류장으로 와달라고 부탁한다. 조사 리스트를 손에 들고 우리는 수송 트럭에서 내리는 돼지들을 지켜본다. 기사는 조용하고 침착하며 짐칸에는 돼지 서른 마리뿐이다. 기사는 때리지 않고 돼지들을 하차시켜 돈방으로 데려간다. 그것으로 수송이 끝났기에 우리는 이산화탄소 가스실 바로 앞쪽 몰이통로로 간다. 몰이 직원이 우리를 알아보고는 속도를 늦추고 몰이채를 내린다. 돼지가 몇 마리 없는 데다 걸음을 멈추지도 않고 앞으로 잘 걸어간다.

실태조사는 금방 끝나고 공장장은 다시 사무실로 돌아간다.

"평소엔 이렇지 않잖아요." 나는 폭발한다. 벌써 점검이 끝났다는 것이 이해되지 않는다.

"나도 알아요. 우리가 뭘 하는지, 왜 여기 왔는지 알아요." 마리아가 말한다.

"다 연극이잖아요. 이러면 우리가 뭘 할 수 있겠어요?"

우리의 보고서도 내가 읽었던 다른 수의사들의 보고서와 다를 것이 없을 테다.

몰이: 특이사항 없음. 몰이채와 몰이판 사용.

"내가 늘 여기 서 있어요. 여기 이산화탄소 가스실 바로 앞에요. 난 절대 매질을 허용하지 않아요. 그게 효과가 있어요." 마리아가 말한다.

그날 오후엔 스트레스 지수가 다시 치솟는다. 나는 여러 직원에게 몰이채 사용을 자제하라고 지적한다. 부티나로 가는 마지막 구간에서 한 직원이 어떤 돼지를 힘을 다해 몇 번이나 때린다. 나는 얼른 그쪽으로 달려간다.

"때리지 마세요."

"죽기 전에 저리로 보내야 한다고요." 그가 고함을 지른다.

돼지는 웅크린 몸을 벽에 딱 붙인 채 헐떡댄다. 눈동자에 공포가 일렁인다. 다른 돼지들은 서로의 등을 올라타며 비명을 질러댄다.

"한꺼번에 너무 많이 밀어 넣으니까 애들이 저렇게 탈진하잖아요. 나보고 어쩌란 말입니까."

그가 그 돼지를 또 한 번 때린다. 돼지는 풀쩍 주저앉았다가 마지막 힘을 짜내어 다시 앞으로 몇 걸음 옮긴다. 자동 벽이 다가온다. 부티나로 밀려가는 동안 돼지가 옆으로 누워 숨을 헐떡인다. 돼지를 태운 곤돌라 칸이 이산화탄소 가스실로 내려간다.

나는 몸을 돌려 몰이통로 뒤쪽으로 가서 몰이채를 든 두 남자에게로 걸어간다.

"때리지 마세요. 너무 한꺼번에 밀어 넣지 마세요. 방금 한 녀석이 탈진했어요."

한 남자가 마지못해 고개를 끄덕인다.

다른 남자가 말한다. "때리는 게 아니에요."

바로 그 순간 뒤에서 공장장이 불쑥 나타난다. "무슨 일입니까?"

"몰이채 사용이 너무 잦아서요." '때린다'는 말이 서로에게 너무 껄끄러운 것 같아서 내가 이렇게 말한다. "흠, 그렇다면 이야기해봐야겠군요." 같은 말을 벌써 수천 번도 더 들은 사람처럼 그는 대수롭지 않은 듯 대답한다.

한 남자는 나를 째려보고 다른 남자는 고개를 푹 숙인 채 몰이채를 빙빙 돌린다. 무릎이 후들거리지만 힘 있는 사람을 내 편으로 삼은 기분이 나쁘지는 않다.

그 돼지의 눈빛이 밤이 되어도 잊히지 않는다.

18일

돼지 한 마리가 천장의 갈고리에서 떨어져 눈을 꾹 감은 채 타일 바닥에 누워 있다. 위쪽에선 컨베이어벨트가 계속 돌아간다. 방금 뜨거운 물에 데친 선홍빛 몸통이 다른 돼지들의 몸에서 떨어진 피로 붉게 물든다. 잠시 후 누군가 돼지 허벅지에 갈고리를 걸어 바닥의 폐기물 처리시설 입구로 끌고 간다.

동료와 지하의 내장 세척시설을 견학한다. 가는 길에 천장에 난 구멍이 보인다. 쾅 소리와 함께 거기 위에서 발굽이 떨어져 먼저 벽에 부딪쳤다가 통으로 떨어져 들어간다. 다른 통에는 돼지 머리가 담겨 있다. 귀가 잘려서 얼굴엔 눈과 코와 주둥이뿐이다.

내장 세척실에는 활력이 넘쳐난다. 창문 하나 없는 방에 소독제와 똥 냄새가 그득하다. 긴 통로의 타일 바닥은 쉬지 않고 물을 뿌려대서 온통 젖어 있다. 처음 본 직원이 내가 처음이란 것을 알아차리고 내장을 소시지 껍질로 만드는 작업 공정을 설명해준다. 고무작업복 사이로 라운드형 플리스 스웨터가 보인다. 그가 웃는 얼굴로 나를 이리저리 데리고 다닌다. 내장 무더기가 컨베이어벨트에 실려 지하에 도착한다. 내장을 열어 똥을 씻어낸다. 그런 다음 회전하는 금속틀에 씌워 각 층을 분리한다. 그후 사용할 부위를 소금물이 든 큰 플라스틱 통에 던진다. 나는 통 안을 들여다본다. 둘둘 감긴 뿌연 색깔의 얇은 끈들이 기름과 긁어낸 점막 틈에 둥둥 떠 있다.

"제가 그렇게 예민한 사람은 아니라서요." 그가 그릇에 손을 집어넣어 한 줄의 내장을 꺼낸다. 그러고는 풍선처럼 바람을 불어넣으니 투명한 소시지가 만들어진다. 미래의 소시지 껍질. 그 안에 다시 근육, 지방, 감자 전분을 채워 넣을 것이다.

"세계 최고의 식재료입니다." 미소 짓는 그의 이마에 땀방울이 흐른다. 그가 손등으로 땀을 쓱 닦는다.

∘ ∘ ∘

돈방에 수퇘지 한 마리가 혼자 서 있다. 녀석이 오래 나를 쳐다본다. 보아하니 불안한 모양이다. 나는 이마를 쓰다듬어주려 하지만 녀석이 피한다. 다른 돈방의 돼지가 고개를 갸웃하며 기울인 채 가만히 서서 나를 뚫어져라 쳐다본다. 파란 눈동자에 흰색에 가까운 밝은 속눈썹이 매달렸다.

"오늘은 좀 나아졌어요?" 공장장이 묻는다.

"뭐가요?"

"어제 때린다고 불평했잖아요."

"음, 약간요. 스트레스 지수가 오르락내리락하니까요.

"내려야지요." 그가 말한다.

암퇘지를 실은 수송 트럭이 도착한다.

"멋진 숙녀 분들이신데." 벵크트가 말한다.

암퇘지 한 마리가 내려가지 않으려 한다. 기사가 엉덩이와 등을 때리고 몰이판으로 민다. 그래도 녀석은 뜻이 확고한지 담담하다. 하지만 호흡 횟수와 귀 모양으로 보건대 겉보기처럼 침착한 것은 아닌 듯하다. 녀석의 굳은 의지와 저항이 감동적이다. 동물들이 우리 일을 훨씬 더 힘들게 만들 수 있다.

"드디어 해냈어." 암퇘지를 트럭에서 밀어내는 데 성공한 벵크트가 녀석과 다른 암퇘지 한 마리를 마지막으로 몰면서 지친 목소리로 말한다. 두 돼지는 돈방까지 마지막 몇 미터를 유유히 걸어간다. 벵크트가 문을 쾅 닫는다.

나중에 녀석을 아주 가까이서 마주한다. 녀석의 심장을 양손으로 쥔다. 나는 심장을 갈라 질기고 긴 핏줄을 뽑아낸다. 심장은 여전히 따뜻해서 추위에 곱은 내 손을 데운다.

19일
。

계류장 근무 중에는 돈방을 살필 필요가 없으면 적재 사다리 옆의 작은 방인 계류장 사무실에 들어가 있다. 말이 사무실이지 컴퓨터 한 대와 구호장비가 든 수납장, 손가락을 데우는 난방장치가 전부인 작은 방이다. 수의사 몇 사람은 계류장 근무 때 수송 트럭이 오지 않으면 사무실에서 나오지 않는다. 나는 갈피를 못 잡겠다. 어떤 땐 파란 헬멧을 쓰고 내가 지켜보는 것이 몰이에 긍정적인 영향을 줄 것이라고 확신하다가도, 오히려 직원들을 도발하여 상황을 악화시킨다는 생각이 들기도 한다. 물론 대부분은 내 머리에서만 일어나는 상상에 불과하다. 내가 나의 역할을 과대평가한다는 것도 안다. 사실 나는 시설물처럼 거치적거릴 뿐이다. 그럼에도 나는 대부분 옆에서 지켜본다.

수송 트럭 한 대에 실려온 돼지가 내리지 않으려고 완강히 버틴다. 어찌나 비명을 질러대는지 귀마개를 했는데도 귀가 아프다. 때리면 더 심하게 저항한다.

"해결했어요. 이젠 됐어요." 드디어 돼지를 곤돌라 바로 앞의 돈방으로 데려간 기사가 한숨을 쉬며 말한다.

계류장 사무실 책꽂이에서 손으로 쓴 기록과 여러 수의사의 서명이 적힌 노트를 발견한다.

　7월 6일. 페르에게 너무 거칠게 몬다고 지적.

　8월 8일. 스테판에게 몰 때 좀 조심하자고 말함.

　9월 11일. 기사 미케에게 때리면 안 된다고 설명함.

　9월 17일. 3열에 물이 샘. 스벤에게 돈방을 바꾸라고 지시함.

　10월 20일. 수송 중에 암퇘지가 죽음.

　11월 3일. 욘에게 몰이채로 때리면 안 된다고 말함.

　7년 전 노트이다.

20일

다시 금요일, 또 한 주가 지나갔다. 우리는 쉬지 않고 저항 한 번 못하는 부드러운 몸뚱이를 자른다. 하나, 또 하나, 매일 3천 마리의 몸을. 우리는 지극히 평범하고 나긋한 사람들이다. 그런 데도 아무렇지 않게 맡은 업무를 다 해낼 수 있다니 그저 놀라울 따름이다. 내 일은 돼지가 해체 공정으로 넘어갈 때 몸에 똥이 묻지 않았는지를 임의추출 방식으로 검사하는 것이다. 사실은 별것 아닌 일이다. 하지만 방금 전까지 때리지 못하게 막아주려던 산 생명이 칼을 쑤셔 넣는 익명의 대상으로 변한 것을 볼 때면 아찔하다. 불과 40분 만에.

돼지 한 마리가 농장에서 도축장으로 오는 중에 죽었다. 도착했을 때 이미 퍼렇다.

"차 타는 걸 안 좋아하는 녀석을 데려왔네." 기사가 나와 계류장 직원 로베르트를 향해 농담을 던진다.

두 사람이 하하 웃는다.

두 사람은 힘을 모아 돼지 사체를 트럭 짐칸에서 끌어내려 아스팔트 바닥에 내려놓는다. 다른 돼지가 그 순간을 틈타 무리에서 떨어져 트럭 옆 틈으로 뛰어내린다. 아스팔트에 내려선 녀석이 꿀꿀대며 주변을 살핀다. 위장이 오그라드는 것 같다. 나는 숨을 멈춘다. 돼지가 머뭇머뭇 큰 마당으로 몇 걸음 걸어간다.

기사와 로베르트가 당장 트럭에서 뛰어내린다. 몰이판을 하나씩 들고 한 사람은 돼지 뒤에서, 또 한 사람은 옆에서 다가간다. 돼지는 방향을 틀어 조용히 벽을 따라 절룩이며 걸어간다. 죽은 돼지들, 털이 가득 든 컨테이너, 각질이 흩어진 아스팔트를 지나서. 그러고는 도축장으로 들어간다. 반대편 돈방, 이산화탄소와 더 가까운 곳으로.

또 수의사 미팅 시간이다. 나는 내가 참여했던 동물보호 실태 조사가 얼마나 무의미하고 비생산적이었는지 말하지 않는다. 대신 내가 동물뿐만 아니라 식품안전에도 관심이 많다는 사실을 증명하려 노력한다. 식품안전 역시 내 담당이니까 말이다.

"내장을 작업장 바닥에다 던져둡니다. 위생적이지 않아 보였습니다."

수의사 검사대의 내 자리에 서 있으면 직원들이 돼지 간과 신장을 잘라낸 후 타일 바닥으로 던지는 광경을 자주 목격한다. 작업자들이 더러운 장화를 신고 서 있는 바닥으로 끌어올린 다음 매달아서 깨끗한 것으로 간주하여 조제식품(간편하게 먹을 수 있도록 요리된 햄, 치즈, 분유, 통조림 따위의 식품을 통틀어 이르는 말-옮긴이)이나 간소시지 가공실로 보낸다.

"그 문제는 우리도 벌써 여러 번 토론했습니다. 오래전에 해결했어야 할 문제지요. 그 문제를 지적하다니 아주 좋아요." 팀장이 말한다.

나중에 안데르스가 내게로 다가온다. 진지한 표정을 짓고 있다. "나도 같은 생각이에요. 그건 아니라고 봐요. 비위생적이야."

오후에는 돼지들이 차례로 우리 검사대로 밀려온다. 이것들의 문제는 딱 한 가지, 똥이 묻었다는 것이다. 수의사 검사대의 도축사가 혼자서 처리하기가 힘들어서 매달린 돼지 몸통의 긴 줄이 생긴다. 두 명의 도축사가 추가 투입되어 열정적으로 일하기 시작한다. 상처 난 내장들을 자르고 똥이 묻은 피부 부위를 넓게 잘라낸다. 똥이 바닥으로 떨어지고 직원들의 앞치마에 튄다. 직원들은 일정한 시간을 두고 앞치마를 닦고 칼과 장갑을 끓는 물통에 담근다. 나는 옆에 서서 빤히 쳐다본다.

"이건 폐기할까요?" 한 사람이 똥으로 완전 뒤덮다시피한 돼지를 가리키며 묻는다. 오염은 회사 담당이다. 저런 돼지를 일일이 다 정리하자면 시간이 많이 걸리고 힘들기도 하다.

"죄송하지만 그건 제가 결정할 사항이 아니라서요." 나는 대답한다. 돼지 한 마리를 이런 이유로 통째로 폐기할 것인지를 결정할 권한은 공장장에게 있다.

도축사는 돼지 등에 양손을 대고 옆에서 나란히 돌아가는 벨트로 몸통을 쭉 민다. 돼지는 거기서 일단 대기한다. 그가 한숨을 쉬고 다음 돼지에게로 몸을 돌린다.

수의사 검사대에 사람이 너무 많으면 내가 거치적거린다. 도축장 품질관리 담당관인 해리가 노트를 들고 분주히 오간다. 나는 그를 붙들고 나와 함께 오염을 점검하지 않겠냐고 묻는다.

"아, 당연히 좋죠. 몇 마리나 보려고요? 열 마리?"

우리는 도축장 한편에 표지판이 있는 곳으로 간다. "중요관리점(CCP-Critical Control Point, 위해요소 중점관리 기준을 적용하여 식품의 위해요소를 예방·제거하거나 허용 수준 이하로 감소시켜 당해 식품의 안전성을 확보할 수 있는 중요한 단계, 과정 또는 공정-옮긴이)"이라고 적힌 표지판이다. 돼지 몸통이 이 지점을 지날 때는 똥이 절대로 묻어 있어서는 안 된다. 매달 실시하는 임의추출 검사에서 기준을 초과할 경우 제재가 있을 수 있다. 작업장의 이 구역은 조명이 흐리다. 해리가 램프를 켠다. 우리는 천장 레일에 매달려 빠른 속도로 지나가는 돼지 몸통들을 위에서 아래로 살핀다. 똥처럼 보이는 것을 전혀 발견할 수 없다.

"좋아보이는데요." 아무런 지적 없이 열 마리를 살피고 해리가 말한다.

나는 고개를 끄덕이고 수의사 검사대로 돌아간다. 모니터를 흘깃 훔쳐본다. 7분이 지났다.

21일

　　친구나 지인에게 내가 하는 일을 설명하기 힘들다. 다들 깜짝 놀라며 이렇게 말한다. "너무해. 그런데도 거기서 일하고 싶어? 너무 일찍 일어난다." 누군가 이렇게 말해줬으면 좋겠다. "다 말해봐. 동물들 이야기 다 해줘."

　　내 마음과 바깥세상에서 일어나는 일을 모조리 설명하기 위해 나의 뇌는 최고도로 돌아간다. 우리는 어쩌다 여기에 이르렀나? 나는 어쩌다 여기에 와 있나? 때로는 이 세계로 들어온 것이 특혜라는 생각이 든다. 신뢰의 증거(나의 능력을 신뢰한다는 증거)이기에 나는 여기 머물며 동물을 위해 내가 할 수 있는 모든 일을 할 의무가 있다고 생각한다. 이제는 도축장 이야기가 나오면 그 누구도 내게 감히 아무것도 모르는 주제에 떠든다고 우길 수 없을 것이다. 그런 생각을 하면 힘이 나기도 한다. 그러다가도 다시 나도 공범이라는 생각에 죄책감이 든다. 슬픔과 자기 경멸이 뒤섞인다. 너무 피곤해서 내일 일도 가늠할 수 없을 때가 많다.

　　그 무언의 절망감과 함께 뭔가 녹초가 된 기분이다. 여기서 내가 맡은 업무가 무엇인지, 내가 할 수 있는 일이 어디까지인지 나

는 잘 안다. 전문가답게 행동해야 한다. 그럼에도 나서지 못하는
상황이 내 마음을 갉아먹는다.

22일

　도축작업장 직원들의 휴식시간인데 때마침 수송차도 오지 않을 때가 있다. 그런 순간이면 나는 돼지와 오래 눈을 맞춘다. 길게 찢어진 눈, 꽉 감은 눈에서 뿜어 나오는 눈빛과 이마 위 주름, 불안해서 굳은 녀석들의 몸동작을 살핀다. 녀석들이 서로를 어떻게 대하는지, 주어진 그 작은 공간을 어떻게 나누는지도 관찰한다. 어떤 돼지는 눈에 띄게 공격적이고, 또 어떤 돼지는 혼자 있고 싶어 한다. 대부분은 구석에 누워 세상사를 잊고 싶은 것 같다. 하지만 꿀꿀거리며 화 풀 대상을 물색 중인 녀석도 있고 어떻게든 시빗거리를 찾는 녀석도 있다. 아픈 것 같지 않은데도 기침하거나 절룩대는 녀석도 있다.

　집에서 옛날 교과서들을 들춰본다. 대학 시절 우리는 앞으로 우리가 진단할 동물들에 대해 많은 지식을 배웠다. 책들 틈에서 필독서였던 《돼지 개론》을 발견한다. 칼럼 글과 의학 논문을 모아놓은 그 책은 수의대 학생한테는 너무나 인상적이었던 이런 문장으로 시작한다.

　"누군가 말했다. 모든 인간은 동물에게 파시스트라고. 안타깝지만 이 말은 인간과 돼지의 관계에도 적용된다. 스스로는 동물을 지극히 아낀다고 생각할지 몰라도 이런 경향에서 완전히 자유로울 수 있는 인간은 극소수에 불과하니 우리는 지능이 뛰어나며 실제로 수많은 관점에서 인간과 흡사한 이 가축을 존중하고 공정하게 대하려고 적극 노력해야 할 것이다."

스웨덴의 돼지 축사에선 9제곱미터 크기의 시멘트 바닥 돈방에 열 마리를 한데 넣어 키운다. 돼지는 평생 이 돈방을 벗어나지 못한다. 앞서 말한 《돼지 개론》은 이런 집약적 사육조건에서 발생할 수 있는 여러 가지 질병과 좁은 공간에서 쉽게 퍼지는 병원균에 대해서도 언급한다. **"보통 돼지 한 마리가 병들면 우리는 그것이 가축 총수의 증상이라고 본다."** 가축 총수의 차원에서 일한다는 말은 개체에 집중하기보다 전체적인 생산 결과와 건강 척도를 우선한다는 뜻이다. 개와 고양이는 의학 발전의 혜택을 보지만 돼지들은 전혀 그렇지 못하다. 새끼 돼지의 17퍼센트가 생후 5주 전에 사망한다. 수지 타산을 생각하면 병든 돼지 한 마리를 치료하려고 많은 비용을 지불할 수 없기 때문이다. **"해당 동물의 제품 특성이 심각하게 저하되었다고 판단될 경우 죽이거나 조기 도축을 (……) 권장한다."** 돼지에 대한 학문에서도 실생활과 똑같이 수의학과 생산은 떼려야 뗄 수 없는 관계에 놓인다. 따라서 수의사가 동물을 치료하는 의사인지 고기 전문가인지 불명확할 때가 많다. **"사육 돼지 사료에 불포화지방산이 높으면 돼지고**

기의 유통기한이 줄어든다."

　교과서는 현실에서 출발한다. 우리가 일하는 시스템에선 동물이 자원이다. **"암퇘지는 새끼를 배거나 젖을 물려야 한다!"** 암퇘지의 재생산을 다룬 강연은 이런 말로 시작한다. 동물은 놀고먹으려고 태어나는 것이 아니다. 새끼 돼지는 원료이고 암퇘지는 고기가 되는 시점까지 제품이다. 새끼를 빼앗기는 순간부터 다시 새끼를 배는 순간까지는 **"소용이 없기에"** 순전히 비용 요인으로만 취급된다. 이 사업이 이익을 내지 못하면 돼지사육업자도 수의사도 일자리를 잃는다. **"암퇘지는 돈이 많이 든다. 새끼를 배지 못하면 일찍 도축해야 한다."** 이것이 수의학과 학생들이 보는 입문서에 실린 문장이다.

　나는 파일을 들고 식탁에 앉아 수업시간에 쓴 노트와 교재를 뒤적인다. 수업 내용은 모순적이기 그지없다.
　한편에선 돼지가 적극적이고 사회적이며 호기심이 많은 동물이라고 배웠다. 깨어 있는 시간의 절반 이상을 땅을 파거나 풀을 뜯으며 보내는 활동적인 동물이라고 말이다. 대량 사육하는 요즘 돼지들도 인간이 길들이기 이전의 타고난 행동습성과 욕구를 여전히 간직하고 있다고도 배웠다. 수업시간에 돼지 실험 영상을 본 적이 있다. 영상에는 숲에 방사된 암퇘지가 성실히 집을 지어 새끼를 키우는 모습이 담겼다.

그렇지만 또 한편에선 우리에게 경제적 사고를 주입했다. 시멘트 축사에서 돼지를 키우는 것도 짚만 조금 깔아주면 합리적인 처사라고 말이다. 또 스웨덴의 가축 사육을 지지하라는 요구도 받았다. 스웨덴 농부들은 정말 힘들게 일하니까, 외국 돼지들에 비하면 스웨덴 돼지는 복 받은 것이니까. 그 모든 상대화와 변명과 책임 회피가 떠오른다. 생명의 가장 큰일인 죽음이 어떻게 단순하게 넘어갈 디테일로 전락해버렸는지도 기억난다. 그리고 나는 그 말을 기억한다. **"이 동물들은 그러라고 태어난 것이다."**

23일.

　매일 아침마다, 어떨 땐 낮에도 돈방에 물이 고여 있다. 그런 지 꽤 오래됐다. 사라와 그 문제를 두고 이야기를 나눈다. 그녀는 벌써 도축장 측에 몇 번이나 그 문제를 지적한 바 있다고 한다.

　"돼지들이 추울 것 같아요. 바닥에 물이 고여 있어요. 적재 셔터 문으로 몰아친 바람이 바로 돈방으로 가거든요."

　"그럴 수도 있어요." 사라가 대답한다. "하지만 바닥 상태에 대한 법 규정이 정확하지가 않아요. 그저 '배수가 잘 돼야 한다'라고만 써 있거든요."

　"물이 몇 센티미터나 고여 있는데 배수가 잘 된다고 볼 수 있어요?"

　"그건 아니죠." 그녀가 대답한다. "앞으로는 동물보호 전문그룹이 주로 공간 문제를 살필 거예요. 그래서 어디서나 같은 기준이 적용될 거예요."

　사라에게 묻고 싶은 것이 너무 많지만 그녀를 오래 붙들고 있을 수가 없다. 그녀가 할 일이 너무 많기 때문이다. 그래도 나는 법적 규정에 맞지 않는 세세한 문제들을 봐두었다가 그녀에게 연신 묻는다.

　"이산화탄소 가스실 앞 자동문에 동물이 끼면 바로 열리지 않아요. 아셨어요? 수퇘지를 집어넣는 틀은 너무 좁아서 몸을 돌릴 수도 없어요. 묶어두는 거 하고 다를 게 뭐예요? 왜 몰이통로를 돼지들이 앞으로 걸어가고 싶게 만들지 않죠?"

그녀는 인내심 있게 내가 뭐라고 해도 미소를 잃지 않는다. "담당 관청에서도 도축장 구조를 알아요. 여기 자주 와 봤거든요. 매일 문제를 신고하는 건 도움이 안 돼요."

"동물들이 저런 취급을 당하는데 보고 있기가 힘들어요. 괜찮으세요?"

그녀가 심각한 표정으로 나를 쳐다본다. "어쩔 수 없어요. 살다 보면 그냥 고개를 돌려야 할 때도 있어요. 우리가 다 바꿀 수 없다는 걸 인정해야 해요."

암퇘지를 가득 실은 수송 트럭 한 대가 도착한다. 녀석들의 피부가 꼭 노인들 같다. 예전에 요양기관에서 일할 때 내가 씻겨주던 몸들처럼. 오래 써서 마모된 몸. 젖꼭지 몇 개는 아직 탱탱하고 젖이 가득 들어 있지만 다른 것은 비었고 쭈글쭈글하다. 이 녀석들은 스트레스를 받아도 젊은 돼지들처럼 급하게 움직이지 않는다. 귀가 커튼처럼 눈앞에 걸려 있다. 녀석들이 암퇘지 돈방으로 가기 위해 쭉 늘어선 돈방들을 지나간다. 수용자들이 손을 내민 감옥 복도처럼 창살 사이로 코들이 튀어나와 있다. 다른 친구들과 다르게 고분고분하지 않은 녀석이 하나 끼어 있다. 눈에서 반항기가 번쩍인다. 녀석이 공격 태세를 갖추더니 기사를 향해 돌진한다. 기사는 겨우겨우 녀석을 돈방으로 밀어 넣고 얼른 문을 걸어 잠근다.

돈방 창살에 기대서 있으려니 문득 손에 뭐가 닿는 느낌이 난다. 강아지가 손바닥에 축축한 주둥이를 내려놓는 느낌이다. 아래를 보다가 돼지와 눈이 마주친다. 녀석이 내 시선을 피하지 않는다. 생물학자 라이얼 왓슨 Lyall Watson 은 돼지를 "오래 마주 보기" 챔피언이라고 말했다. 눈을 돌리지 않고 상대를 계속 쳐다본다고 말이다. 나는 미소 지으며 내 손을 가만히 내버려둔다. 녀석의 코는 탄력이 좋고 입은 부드럽다. 우리가 같은 편이라는 생각이 든다. 하지만 곧이어 내가 방금 녀석에게 사형 선고를 내린 장본인이라는 생각이 뒤를 따른다.

24일

마음이 아주 고요하다. 더 이상은 받아들일 수가 없다. 나는 사람들이 기대하는 일만 하며 몽유병 환자처럼 하루를 보내고 최대한 딴 곳으로 관심을 돌리려 애쓴다. 헬멧 귀마개에 배터리를 넣어서 작업장에서도 라디오를 들을 수 있다. 휴식시간에는 스마트폰을 들여다보며 아무 짝에도 쓸모없는 것들을 검색하고 동료의 여름휴가 사진을 구경한다. 할 일이 없으면 바로 잠들 수도 있다. 오후에 탈의실에서 샤워를 하고 나면 마음에 뻥 구멍이 뚫린 것 같다. 어깨와 등이 아프고 피부는 건조하며 얼굴은 굳었다. 장화 바닥에 기관지 연골이 하나 붙어 있다.

25일.

계류장 사무실과 계류장을 계속 오간다. 채근하는 눈초리를 견디지 못하겠다. 무력감을 참기 힘들다. 계류장 직원이 돼지를 때리는 모습을 보고 있을 수가 없고, 말해야 하나 입을 다물어야 하나 고민하는 나를 못 견디겠다. 경계가 흐리다. 나는 기사에게 웃어주고 계류장 직원에게 미소 짓는다. 대부분은 인사를 건네며 잡담을 주고받지만 나를 무시하는 사람들도 있고 나한테 화난 것 같은 사람들도 있다.

딱히 할 일이 없는데도 계류장 사무실 컴퓨터에 앉아 있다. 시간을 죽이려고 여기저기 클릭해댄다. 귀마개의 라디오를 켠다. 도축장 다른 곳에선 RixFM과 Mix Megapol밖에 안 잡히지만 여기선 지금 Pi와 P3도 잡힌다. 평소 계류장에선 라디오를 켜지 않는다. 이런 환경에선 그런 방식의 오락이 어울리지 않는 것 같기도 하거니와 나 역시 딴 곳으로 관심을 돌리고 싶지도 않다. 하지만 오늘은 잠시 여유를 부리고 싶다. 다시 계류장으로 나갔더니 5분밖에 지나지 않았다. 암퇘지 한 마리가 어찌나 고함을 질러대는지 반사적으로 귀마개를 귀에 더 밀착시킨다. 그새 두 줄이 더비었다. 8시 직전이다.

벵크트가 빈 돈방에서 오물을 씻어낸다.

"이제 왔어요?" 내가 묻는다.

"한 시간 반 전부터 여기 있었어요." 그가 스누스 담배(무연담배-옮긴이)가 든 깡통을 내밀며 대답한다.

"아니요……. 정신을 차리려면 좀 씹긴 해야 할 것 같지만." 내가 대답한다.

"그러게요. 할 일도 많으신 분이." 그가 씩 웃는다.

그가 무슨 말을 하고 싶은 건지는 정확히 모르겠지만 아무것도 안 하는 나의 수동적인 모습이 그의 눈에 거슬린다는 생각이 든다. 여기선 다들 뼈 빠지게 일한다. 새벽부터. 더럽고 시끄럽고 춥고 무겁고 따분하다. 그런데 웬 못 보던 여자가 파란 헬멧을 쓰고 나타나더니 수십 년 동안 여기서 일한 사람들에게 잘못한다고 지적질을 한다. 그냥 뒷짐 지고 서서 쳐다보기만 하면서.

최소한의 저항을 택하는 것은 쉽다. 돼지들도 집단의 압력에 굴복한다. 친구들이 가는 곳으로 따라간다. 무리 본능이다. 수송 트럭에서 내릴 때도 처음이 제일 힘들다. 제일 앞쪽의 친구들이 일단 적재 사다리를 건너가면 나머지는 자연히 따라간다. 앞에 간 친구들이 위험하지 않다고 보장이라도 해준 것처럼. 녀석들이 비틀대며 걸어 내려올 때면 발굽이 달각거린다.

26일.

도축작업장에 서서 나를 지나 흘러가는 도축육의 홍수를 바라본다. 가슴이 점점 더 답답해지고 숨을 쉬기 힘들다. 생각은 딱 하나뿐이다. 숨을 쉬자. 들이쉬고 내쉬고. 휴식시간이면 서둘러 헬멧과 가운을 벗어 걸고 화장실로 달려간다. 간이 옷장에서 전화기를 꺼내 그걸 들고 화장실로 들어가서 솟구치는 눈물을 참으려 애쓴다. 눈을 감으면 눈앞에 돼지들이 보인다. 궁금하다는 표정의 눈동자들, 피곤한 암퇘지의 불안한 눈빛들.

'뭐 재미난 거 없어?' 친구에게 문자를 보낸다.

친구는 득달 같이 어디선가 본 유머를 보내준다. 나는 최대한 오래 그곳에 앉아 눈을 감고 숨 쉬며 머리를 화장실 벽에 기댄다. 그러고는 찬물로 얼굴을 씻고 스마트폰을 다시 옷장에 넣고 작업장으로 돌아간다.

27일.

계류장이 조용하다. 수송이 늦어져서 돈방이 텅 비었다. 동물도 냄새도 소음도 없으니 이곳도 그저 더러운 공장 건물 같다. 시멘트 벽을 프리즈(Frieze, 도자기나 실내의 벽, 혹은 건물의 외벽 등에 장식적 목적으로 두르는 길고 좁은 수평 판이나 띠-옮긴이)가 빙 둘렀다. 돼지들이 벽에 코를 대서 생긴 갈색 띠다.

드디어 첫 번째 수송 트럭이 도착한다. 제일 뒤쪽 돈방부터 채워야 해서 이 돼지들은 30미터나 걸어가야 한다. 한 마리가 걸음을 멈추고 로베르트의 장화를 탐색한다. 로베르트는 귀마개를 하고서 앞을 보고 있어서 눈치채지 못한다. 돼지가 그의 발, 안전화, 하프챕스(Half Chaps, 카우보이들이 바지 위에 덧대 입는 챕스와 달리 무릎까지만 덮는 바지-옮긴이)에 코를 대고 킁킁거리며 냄새를 맡는다. 그러더니 그의 장딴지를 밀친다. 로베르트가 다리를 움칠하며 녀석을 밀어버린다. 그래도 녀석은 별로 놀라지도 않은 듯 가던 길을 유유히 걸어간다. 몇 미터 더 가더니 배수관에 멈춰 한참 동안 뚜껑을 가지고 논다. 뚜껑을 여기저기 툭툭 건드리더니 거기 달라붙어 뭉친 사료를 먹는다. 더 이상 볼 일이 없자 녀석이 돈방으로 걸어간다. 그곳에서 물통을 발견하고는 눌러 물을 마시고 흘러나오는 물방울을 살펴더니 다시 한번 누른다. 그러고는 돈방 벽을 따라 킁킁대며 구석까지 들어갔다가 다시 나온다. 돼지는 인간은 물론이고 개보다도 후각 수용체가 많아서 고도로 발달한 후각을 자랑한다. 녀석은 거기서 무슨 냄새를 맡는 것일까?

돼지 몇 마리는 냄새고 뭐고 바로 옆으로 드러누워 열을 식힌다. 그런가 하면 무작정 이리저리 내달리는 녀석들도 있다. 달려나가다 껑충껑충 뛰다가 주르르 미끄러졌다가 다시 벌떡 일어서서는 낯선 바닥재를 탐색한다. 초원에서 풀을 뜯는 소 떼 같다. 시멘트 바닥이란 점이 다르긴 하지만. 녀석들의 동작에서 그동안 억제되었던 온갖 잠재력이 드러난다.

기사 마르쿠스가 내 곁에 와서 선다.

"저렇게 돌아다니는 걸 보니 얼마나 좋은지 몰라요." 내가 말한다.

"맞아요. 지금까지는 너무 공간이 없었어요." 그가 말한다.

우리는 한동안 말없이 돼지들을 지켜본다. 한 녀석이 좋아서 펄쩍펄쩍 뛸 때는 나도 모르게 웃음이 터진다.

"하지만 저 녀석들도 좀 있다가 그 이상한 곤돌라로 가겠죠." 마르쿠스가 부티나를 향해 이중의 의미를 띤 미소를 날린다.

이내 모든 돼지가 통로 반대편 끝에 도착한다. 돈방 문이 닫힌다. 잠시 후 안에서 쌈박질이 시작된다.

한 시간 후 녀석들이 모두 잠에 빠진다. 광경이 평화롭다. 꼭 감은 눈, 함께 나누는 휴식시간, 이마의 주름. 어떻게 해야 서로의 온기를 나눌 수 있는지 녀석들은 잘 안다. 그런데도 몇 녀석은 덜덜 떤다. 차츰 추워질 것이다. 처음 수송 트럭에서 내렸을 때는 과열 상태인 경우가 많다. 이리로 오는 동안 다닥다닥 붙어 있었던 데다 심하게 흔들렸고 그 후에는 싸우느라 기운을 다 뺐다. 목에는 방금 전에 생긴 물린 자국들이 있다. 계류장 직원이 스프링클러를 작동하자 비가 내린다. 그러고 나면 11월의 추위가, 저녁이 찾아온다. 어쩌면 밤도 찾아올지 모른다.

오후에 도축작업장에서 옆에 선 도축사 알란이 도축장에 사람 구하기가 하늘의 별따기라고 말한다.

"왜요?" 내가 묻는다.

"임금이 박해요. 노동 조건도 안 좋고, 그렇다고 일이 특별히 재미있지도 않고요." 그가 대답한다.

나는 그와 마찬가지로 컨베이어벨트에 서서 열심히 일하는 그의 스무 살 아들을 흘긋 쳐다본다. "사람 구하기 힘들면 임금 협상할 때 유리하겠어요." 내가 말한다.

"예전에 우리 3주 동안 파업했잖아요."

"그래서 요구조건을 관철했어요?"

"아니요. 여긴 임금 조정 같은 거 없어요. 내가 여기서 일을 시작할 때 내 친구는 창고 일을 시작했거든요. 지금 나보다 몇천 크로나나 더 받아요. 여긴 전부 다 아끼려고만 하죠." 그가 수도꼭지를 가리킨다. "얼마 전에는 우리가 작업 중에 물을 마시는 수도꼭지를 없애려고 했어요. 우리가 중간중간 물을 마시면 그 10초 동안 일을 못한다고 계산한 거죠."

"이직은 생각 안 해봤어요?" 내가 묻는다.

그가 나를 쳐다본다. "나이가 너무 들어서 쉽지 않아요. 사실 어디 가나 똑같죠 뭐. 동료들이 좋아서 괜찮아요."

자전거를 타고 도축장에서 버스 정류장으로 가다가 비를 만난다. 어두우면 공원을 지나는 자전거 길이 잘 안 보인다. 나는 덩치 큰 암퇘지들을 떠올린다. 마음만 먹으면 우리를 밀어버릴 수도 있는데 매질을 피하려고 애쓰는 녀석들을. 우리 인간은 마주치는 모든 것을 억압하려 한다는 것을. 생각에 빠져 하마터면 마주 오던 자전거와 충돌할 뻔한다. 나와 그 사람은 서로를 피하려다가 오히려 뒤엉켜버린다. "조심하세요!" 그가 놀라 소리친다.

고개를 들자 얼굴로 비가 흘러내린다.

30일.

휴게실에서 훈제 소시지 냄새가 풍긴다. 세면대 옆에 열어 둔 비닐봉지에서 어두운 빛깔의 긴 소시지가 튀어나와 있다. 직원들이 매주 한 번씩 한 동료의 친척이 운영하는 정육점에 주문을 한다. 비닐봉지 옆에는 리스트가 놓여 있다. 자기가 주문한 상품에 표시하고 가격 지불 여부를 확인하는 리스트이다. 모두가 10시 휴식시간에 종이 접시를 가져와 자기 소시지를 먹는다.

수의사 검사대에는 칼이 세 개 있다. 고기를 많이 자르다 보니 칼이 금방 뭉툭해진다. 나는 칸이 여러 개 달린 튼튼한 칼집에 칼을 집어넣고 칼 가는 방으로 간다. 그곳에 보호안경을 쓴 남자 둘이서 매일 작업장에서 쓰는 수백 개의 칼을 잘 갈아서 정확히 분류해둔다. 우리는 매일 오후에 무뎌진 칼을 가져다주고 새것으로 가져온다. 이곳에는 모든 것이 질서 정연하다. 모든 칼이 열을 지어 모둠으로 놓여 있다. 라디오에선 시끄러운 록 음악이 흘러나온다.

"장갑 벗으셔야 합니다." 한 사람이 나를 보며 말한다.

"아, 죄송합니다."

"젊은 사람들이 들어와서 생각 없이 아무 칼이나 만져서 피 범

벽을 만들거든요."

나는 고개를 끄덕이며 장갑을 벗고 적당한 칼을 고른다. 긴 것은 크게 자를 때 적당하다. 짧은 것은 관절을 잘라낼 때처럼 꼼꼼하게 작업할 때 쓰기 좋다. 좁다란 것은 정밀작업용이지만 우리한테는 해당되지 않는다. 나는 중간 길이의 칼 세 자루를 고른다. 하나는 넓고 둘은 더 뾰족하다.

수의사 미팅 시간에 모두가 돌아가면서 우리 모임에 유익한 제안을 하나씩 한다. 누군가가 긍정적인 이야기를 하자는 의견을 내놓는다. 오늘은 금요일이고, 기왕이면 한 주를 기분 좋게 마무리할 수 있으면 좋을 테니 말이다. 모두가 모임과 관련된 의견을 말한 후 다시 한번 순서대로 돌아가면서 하고 싶은 이야기를 한다. 동료들은 우리 팀장이 성격이 참 좋다고, 전문그룹의 콘셉트 작업이 마음에 들고 각 그룹 장들이 참 친절하다고도 칭찬을 늘어놓는다.

내 차례가 돌아온다. 맥박이 뛴다. 관자놀이에서도, 위장에서도.

"제가 괜히 분위기를 망치는 게 아닌가 싶습니다만, 여전히 몰이가 문제입니다. 말을 해도 제대로 먹히지를 않아요. '또 잔소리한다.' 그런 식이예요."

사라가 이마를 찌푸리며 나를 바라본다. "말을 했는데도 무시한다면 어쨌든 우리는 변화의 기회를 준 거예요. 특별 점검을 실시해서 감독 관청에 보고해야죠." 그녀가 말한다.

특별 점검이란 정기 점검과 달리 필요한 상황일 때 취할 수 있는 조치이다. 어떻게 하는지는 모르겠지만 나는 그 특별 점검을 추진하고 싶다. 그럼 감독 관청이 와서 몰이 방식을 조사할 것이고, 경우에 따라서는 업체 측에 압력을 넣을 수도 있을 것이다.

나중에 대표가 말한다. "도축장 품질안전과에 메일을 보내서 한 번 더 그 문제를 언급하도록 부탁할 게요."

"네, 부탁드립니다. 수의사 몇 사람이 몰이가 너무 거칠다고 한다고 써주세요." 내가 말한다.

"아니, 몇 사람이 아니죠. 우리가, 우리 모두가 같은 생각이에요." 그가 말하며 책상에 앉는다.

나는 옆에 서서 그의 의자 등받이에 손을 올린다. 그의 어깨에 손을 올리고 싶은 충동이 일지만 겨우 달랜다. 그토록 바라던 에너지가 내 몸을 따라 흐르며 더 많은 에너지를 요구한다. 우리는 단결한다!

동료 마리아가 문틀에 기대서 있다. "최근 계류장에 갔는데 두 줄의 돼지들한테 먹이를 안 주는 거예요. 기사가 돈방을 잘못 알고 다른 데다 데려다 놓았더라고요. 관청에 보고했어요."

"잘하셨어요." 내가 말했다. "근데 그 조금 주는 사료 양도 문제라고 보지 않으세요?"

갑작스러운 단결 분위기에 취해 잠시 판단력을 잃는다. 한순간 나는 내 업무가 기준 준수 여부의 감시라는 것을 까먹는다. 기준을 근본적으로 의심하는 것은 내가 할 일이 아니다.

"작은 지적이지만, 더 중요한 건 아무리 작은 지적이라도 지키는 거죠." 팀장이 말한다. 전화가 울리자 그가 전화기를 들면서 내게 고개를 끄덕한다.

살짝 부끄럽지만 나도 기쁜 마음으로 고갯짓을 한다. 나는 방을 나와 헬멧을 쓰고 귀마개를 단단히 막고 장화를 신는다.

다시 도축작업장으로 갈 시간이다.

31일

다시 월요일이다. 어느덧 7주차이다. 나는 작업일지를 적고 날과 주와 달과 교대 시간을 센다. 시간을 이해하기 쉽게 숫자로 환산하려 한다. 눈에 보이지 않는 것에겐 뭔가 야릇한 면이 있다. 우리는 겉에선 사실상 존재하지 않는 세상으로 들어간다.

돈방 한 곳이 피범벅이다. 돼지 한 마리가 다른 돼지의 엉덩이를 물었다. 물린 녀석은 지금 직장이 밖으로 튀어나와 있다. 대장의 끝부분이 한 조각 고기처럼 퉁퉁 부어 피투성이 상태로 항문 밖으로 나와 있다. 문 돼지는 흥분해 있다. 마침 계류장 직원이 아무도 곁에 없다. 나는 무는 돼지의 관심을 돌리려고 애써보지만 녀석은 나를 무시하고 튀어나온 살점에만 눈독을 들인다. 물린 돼지는 등을 구부리고 귀를 앞으로 향한 채 꼼짝도 못하고 서 있다. 두 녀석은 15분 전에 여기 도착했다. 한 마리 돼지가 저 정도로 무뎌지기까지 과연 얼마의 시간이 필요한 것일까? 나는 호스를 집어서 강한 물줄기를 돼지 엉덩이에서 몇 센티미터 떨어진 곳으로 향한다. 문 녀석은 계속해서 물줄기를 가로질러 주둥이로 다른 녀석을 물려고 시도한다. 수산네가 지나가다 보고 계류장 직원에게 두 녀석을 즉시 도축하라고 지시한다.

그 직후 몇 줄의 돈방에 있던 돼지들이 밖으로 몰려 나간다. 그런데 한 녀석이 따라가지 못한다. 일어서려는데 몸이 말을 듣지 않는다. 몇 번 시도해보더니 자리에 누워버린다. 나는 스벤을 부르고, 달려온 스벤이 즉시 볼트총을 쏜다. 나중에 검사대에서 보니 그 돼지는 급성 골반골절을 당했다. 근육의 색깔이 옅고 흐물거린다.

나는 스벤에게 골반골절이라고 말한다.

"건질 게 하나도 없겠네요. 폐기했어요?"

"네."

"그래서 그랬군요."

그날 나는 틈나는 대로 이산화탄소 가스실 옆에 서서 몰이를 감시한다. 오늘은 만사가 순조롭다. 품질안전과에서 우리 팀장이 보낸 메일을 봤기 때문일 것이다. 아니면 그저 평소보다 좀 평화로운 날일 수도 있다.

작업장 도축사 한 사람은 늘 투덜댄다. 매사가 다 시빗거리다. 그래도 주로 시설물을 두고 불평할 뿐 돼지들한테 욕을 하지는 않는다. 대신 잘 안 닫히는 울타리 하나를 발로 차면서 큰 소리로 욕을 한다.

"안녕하세요." 그의 곁을 지나며 내가 인사를 한다.

그가 깜짝 놀라 뒤를 돌아보며 소리친다. "뭐라고요?"

"안녕하시냐고 물었어요."

돈방에 돼지 한 마리가 딱 붙어 누운 두 마리 돼지의 틈새로 비집고 들어가서 몸을 넌다. 다시 새끼 시절로 되돌아간 것처럼. 이 작은 피라미드를 만든 세 마리 모두가 눈을 꼭 감고 있다. 나도 모르게 웃음이 터진다.

"왜요?" 근처에 있던 로베르트가 묻는다.

"정말 아늑해 보여서요." 세 마리 돼지가 있는 방향으로 고개를 끄덕인다.

"그럼요. 여기선 다들 좋아요." 그가 미소 짓는다. 하지만 눈까지 웃지는 않는다.

"그럼…… 저 녀석들하고 바꾸고 싶어요?"

"그건 아니죠. 전 이쪽이 좋아요." 그가 말하며 얼른 주제를 바꾼다. 도축장의 공간 구획이 왜 이렇게 안 좋은지 그 이야기로 넘어간다.

일을 마친 뒤 오래 샤워를 하고 비누로 안경을 닦는다. 그래도 냄새가 완전히 가시지 않는다. 냄새는 집까지 따라와 전혀 예상치 못한 순간 나를 덮친다. 한순간 밀쳐냈던 슬픔처럼.

33일。

   수의학을 공부하는 여대생 두 명이 오늘 현장실습을 왔다. 페트라는 아르바이트로 식품검사관 일을 하는데, 올 여름에 추가로 몇 명을 더 모집할 예정이다. 오늘은 친구인 카타리나를 데리고 왔다. 두 사람은 컨베이어벨트에 서서 폐를 감정한다. 나는 카타리나에게 도축 과정에서 생긴 출혈과 경색으로 인한 출혈을 구분하는 법을 설명한다. 계류장으로 갈 때도 두 사람을 데리고 간다. 방금 전에 도착한 돼지 몇 마리를 검사해 달라는 요청이 왔다.

   "같이 살펴요. 이상한 게 있으면 말해주고요." 내가 부탁한다.

   우리는 돈방을 따라 걸으며 돼지들을 내려다본다.

   "실제로 상태가 어떤지는 판단하기가 어려워요. 임상 진단을 하는 게 아니라서요." 내가 하는 일을 변명이라도 하듯 나는 이렇게 말한다.

   "저기 목에 상처가 있어요." 카타리나가 말한다.

   "싸워서 상처가 많이 생겨." 사정을 잘 아는 페트라가 대답한다.

   나는 고개를 끄덕인다. 우리는 계속 걸어간다. 잠시 후 카타리나가 걸음을 멈춘다.

"그러니까 지금 제가…… 아니면 원래…… 제가 여기 와서 질문하는 것이……."

"그게 정상이에요." 나는 말한다. 지금 보고 있는 광경이 마음에 들지 않는다고 그녀의 얼굴에 써 있다.

"돈방 하나에 저렇게 많이 넣어도 되는 건가요? 저렇게 좁은데 합법인가요?"

"네." 내가 대답한다.

우리는 부티나 앞으로 간다. 한 남자가 자동 벽까지 가는 마지막 구간에서 몰이채로 돼지 등을 때린다.

"때리지 마요." 카타리나가 우리만 들을 수 있게 작은 소리로 말한다. 그녀가 나를 보고 말한다. "뭐라고 말 좀 하세요. 저는 말할 자격이 없잖아요."

나는 웃음을 터트린다. 어떻게 설명해야 할지 모르겠다. 저게 기준이라는 것을, 규정 위반이 아니라는 것을. 심지어 그의 몰이 방식이 다른 사람들보다 훨씬 낫다는 것을. 나는 숨을 들이쉬며 변명을 하려다가, 아무것도 아니라며 달래려다가 그냥 입을 다물고 만다. 그녀의 말이 맞다.

"대부분은 말을 합니다. 너무 심할 때는 감독 관청에 보고를 하고요." 내가 설명한다.

갑자기 내가 질문을 받는 사람이 돼버렸다. 그것이 부끄러우면서도 신선하다.

"볼트총으로 죽인다고 생각했어요." 카타리나가 말했다.

"걸을 수 없을 때만 그렇게 해요. 보통은 이산화탄소로 마취하죠." 나는 부티나를 가리킨다. 돼지들이 무리를 지어 차례로 이산화탄소 가스실로 내려간다.

"저건 어떤데요?"

"이산화탄소도 고통스럽고 공포를 유발한다고 해요. 하지만 안전한 마취 방법으로 통하죠. 적어도 나는 그렇게 배웠어요." 내가 말한다.

"저 아래도 살펴보셨어요?"

나는 머뭇거린다. "아니요. 하지만 언젠가는 봐야죠."

카타리나가 고개를 끄덕이며 생각에 잠긴다. 페트라가 시계를 본다. 도축작업장으로 돌아가야 할 시간이다.

"질문을 멈추지 말아요." 헤어지는 순간 나는 그렇게 말한다.

오후에는 스벤과 함께 수송 트럭을 기다린다. 계류장 직원 한 사람이 물구나무선 채 칸막이 벽에 매달려 큰소리로 노래를 부른다. 스벤이 그 꼴을 보고 고개를 저으며 말한다. "요즘 젊은 애들은 일할 때도 가만히 서 있지를 못해요."

나는 웃으며 묻는다. "여기서 얼마나 일했어요?"

"38년요. 열여섯 살에 시작했죠." 그도 미소 짓는다. 나로서는 상상도 할 수 없는 세월이라는 걸 아는 듯 그의 눈이 반짝인다. 그의 생각이 옳다. 그는 이곳에서 근 40년 동안 돼지들을 몰았다.

그게 어떤 것일까 이해해보려 노력한다.

"많은 걸 보셨겠네요."

그가 고개를 끄덕인다.

"좀 달라진 게 있나요?"

"아니요. 똑같아요."

"하나도 안 변했어요?"

"흠, 예전에는 소도 도축했죠. 소는 저기 뒤에서." 그가 도축작업장 너머로 시선을 향한다.

"또요?"

"지붕을 바꿨고." 그가 말하며 위를 가리킨다. "예전에는 더 많이 했어요. 하루에 6천 두."

저 겉모습 뒤편에 노동의 인생 전체가 숨어 있다. 하지만 나는 더 깊이 들어가지 못한다.

35일.

아침 7시 45분에 계류장에 들어가서 이산화탄소 가스실로 가는 마지막 몰이통로를 지나간다. 돼지 한 마리가 벽에 딱 붙어 몸을 떨고 있다.

"왜 그래요?" 내가 묻는다.

"모르겠어요. 금방 괜찮아질 거예요." 돼지를 모는 욘이 대답한다.

나는 벵크트를 부른다. 상황을 이미 알고 있던 그는 돼지 이마에 볼트총을 발사한 후 목을 찌르고 다리에 사슬을 감아 몸통을 감아올려 대차에 싣는다.

"리나, 오늘은 어때요?" 그가 출발하며 묻는다. 돼지는 여전히 움칠거린다. 맥박이 뛸 때마다 목에서 피가 솟구쳐서 시멘트 바닥에 흔적을 남기며 간다.

나중에 스벤이 말한다. "너무 함부로 몰아요. 처음이 아니에요."

"누가요?"

"아까 리나랑 말했던 그 남자. 욘이요. 눈여겨 살펴봐요. 지금은 다른 공정에 있지만 동료들에게도 알리는 게 좋을 거예요."

"정말 고마워요. 스벤." 나는 그에게 세 번이나 감사의 인사를 했다. 감동에 겨워서.

그가 개인적으로 욘에게 유감이 있나? 아니면 돼지가 쓰러지면 죽여야 하니까 더 일하는 것이 싫은 걸까? 그것도 아니면 정말로 돼지를 아끼기 때문일까? 교대할 때 산드라에게 이야기를 전한다. 그녀가 고개를 끄덕이며 욘이 험악하다는 것은 벌써부터 눈치채고 있었다고 말한다.

오후에는 암돼지가 실려온다. 한 마리가 트럭 짐칸에서 비틀비틀 내려오다가 넘어져서 다리를 찢는 발레리나처럼 뒷다리 두 개가 반대 방향을 향한다. 녀석은 다시 일어서려고 애쓴다. 아무 소리도 내지 않고 불안에 떠는 눈빛으로 낑낑 용을 쓴다. 미간의 주름이 더 깊어지고 얼굴이 긴장으로 팽팽하다.

"죽여야 해요." 내가 말한다.

로베르트가 볼트총을 가지고 온다. 그가 다가가자 돼지는 그것을 얼른 도망쳐야 한다는 신호로 해석한다. 돼지는 앞다리로 몸을 받치고 250킬로그램이나 되는 무거운 몸을 몇 미터 끌고 가다가 헐떡이며 풀썩 주저앉는다. 로베르트가 녀석을 벽으로 민 다음 머리에 총을 쏜다. 녀석이 쓰러져 부르르 떤다.

순간 그의 휴대전화가 울린다. 그가 호주머니에서 전화를 꺼낸다.

"여보세요." 그가 전화를 어깨와 귀 사이에 낀 채 칼로 돼지 목을 찌른다.

36일。

암퇘지 도축장에서 찰싹찰싹 몰이채 소리가 들린다. 거기선 그런 일이 잦다. 돼지들을 앞으로 미는 자동 벽이 없어서 두 남자가 몸으로 돼지들을 몰아 어둡고 좁은 철제 곤돌라에 태워야 한다. 수의사들은 그쪽은 잘 들여다보지 않지만 돼지 등을 때리는 소리가 도축장 반대편인 이곳까지 들릴 때가 많다. 거기로 가려면 나사가 헐거운 흔들리는 접이식 계단 사다리를 펼쳐 내려서 몇 미터 허공에 떠 있는 사다리를 타고 내려가야 한다. 그렇게 사다리를 타고 내려가면 부티나 바로 앞에 있는 마지막 돈방 옆이 나온다. 암퇘지 한 마리가 매를 피하려고 뱅글뱅글 돈다.

"몰이채로 때리면 안 되는 거 모르세요?"

한 남자가 못마땅하다는 듯 째려보더니 어깨를 으쓱한다.

"몰기가 그렇게 힘든가요?"

"당연하죠. 애당초 건물 전체가 마지막 구간에선 전기봉을 사용하도록 설계되었어요. 그래 놓고 전기봉을 못 쓰게 하고 몰이채도 쓰지 말라면 우리더러 어쩌라는 겁니까? 안 가려고 하잖아요."

전기봉 사용을 금한 이유는 너무 자주 사용한다는 민원이 여러 번 있었기 때문이다. 남자는 눈썹을 찌푸린 채 나를 노려본다. 동료는 몰이판으로 암퇘지를 밀다가 갑자기 몰이판을 패대기친다.

"더러워서 못해 먹겠네." 그가 나를 힐긋 보고는 장화를 씻으러 간다.

어차피 휴식시간이다. 남아 있던 직원도 동료를 따라간다. 암퇘지는 여전히 긴장하여 구석에 가만히 서 있다. 내가 녀석을 쳐다봐도 반응하지 않고 고개를 들지도 않는다. 등을 구부리고 고개를 푹 숙인 채 귀를 앞으로 모으고 가만히 서 있기만 한다. 녀석이 끝까지 버티다가 결국 총을 맞았다는 소식을 나중에 전해 듣는다.

산드라와 교대하려고 계류장에 내려간다. 산드라는 계류장 사무실에 앉아서 오늘 검사한 돼지 숫자를 컴퓨터에 입력하고 있다. 그녀 역시 돼지 몰이 방법의 개선에 관심이 많은 데다 최근에는 특히 많은 노력을 기울이고 있다. 내가 오기 몇 달 전에 다른 동료 한 사람이 정기 검사에서 몰이 방법이 너무 거칠다며 항의했다는 이야기를 들려준다. 그러니까 그런 보고서도 있기는 있구나.

"지난주 금요일에 우리가 이야기를 나눈 뒤 욘한테 갔었어요."

"와우, 뭐라고 하셨어요?"

"몰이 방법이 너무 거칠다고 말했죠. 더 부드럽게 하자고요."

나는 고개를 끄덕인다.

"욘이 놀란 표정으로 알았다고 했어요." 그녀가 자기 물건을 챙기다가 동작을 멈춘다. "지난주엔 좀 나아진 것 같지 않아요? 내가 보기엔 그래요. 우리가 뭔가 할 수 있어서 좋아요." 그녀가 미소를 지으며 내 헬멧을 가리킨다. "헬멧에 피가 묻었어요. 그냥 아시라고."

계류장으로 돌아와 보니 벽에 기대 놓았던 몰이채가 사라졌다. 돈방의 돼지들이 울타리 틈으로 몰이채를 낚아챈 것이다. 녀석들이 그것을 이리저리 던지고 돌리며 신나게 가지고 논다.

37일.

적재 사다리 앞쪽 저 바깥은 날씨가 흐리다. 울타리 너머에
선 이 도시로 들어오는 북쪽 진입로의 환상 교차로에서 출근하
는 차들이 꼬리를 물고 이어진다. 버스와 자가용들이 평범한 일
터로 출근하고 있다. 가끔 교차로를 지나자마자 바로 우측으로
꺾은 수송 트럭들이 정문 앞에 멈췄다가 마당을 지나 계류장으
로 다가온다.

아침에는 소리도 숨을 죽인다. 직원들은 돼지들이 떠나간 돈
사 바닥을 치운다. 돼지 한 마리가 다리에 통증이 있는 데다 무서
웠는지 몰이채가 등을 때리자마자 앞으로 내달린다. 간밤에 쌓인
똥과 오줌의 진창을 지나 총총걸음으로 허겁지겁 달려간다. 내
머리 속의 생각도 속도를 높인다. 여기 잡아두고 총을 쏴야 할까
아니면 아픈 다리로 친구들하고 같이 가게 내버려둘까? 나는 내
버려둔다. 그런데 녀석이 이산화탄소 가스실을 코앞에 둔 마지막
구간에서 다른 녀석 하나와 함께 쓰러진다. 두 녀석이 공포에 질
려 돌아서려고 애쓴다. 균형을 잡으려 애쓸 때마다 녀석의 얼굴
에 통증이 서린다.

도축작업장에서 이반이 내게 톱을 내민다. 자동 톱으로 자를
수 없는 돼지 몸통을 어떻게 자르는지 가르쳐주겠단다. 나는 고

개를 가로젓는다. 그건 내 일이 아니다. 난 검사관이지 도축사가 아니다. 그 차이가 내 머릿속에만 있다는 것을 나도 안다. 우리 모두는 같은 이유로 여기에 있다. 돼지를 고기로 만들기 위해서.

도축작업장을 살펴본다. 컨베이어벨트 작업의 단편적인 성격 탓에 전체 과정을 인식하기가 쉽지 않다. 아래층에서 첫 번째 사람이 돼지 수송과 하역을 담당한다. 두 번째 사람이 돼지를 돈방으로 몰고 세 번째 사람은 이산화탄소 가스실로 몬다. 네 번째 사람이 돼지 다리에 사슬을 묶어 돼지를 매달면 다섯 번째 사람이 목을 찔러 방혈한다. 여섯 번째 사람이 끓는 물에 돼지를 데치면 그다음으로는 내장 제거 작업이 이어진다. 창자를 꺼내고 혹을 잘라내고 귀와 꼬리를 자르고 척수를 빨아내며 늑막을 뜯어낸다.

이젠 나도 신경을 끈다. 나는 작업장에 서서 늘 같은 노래들, 같은 광고가 흘러나오는 라디오를 듣는다. 어찌나 따분한지 질병의 징후가 보이는 돼지가 검사를 받기 위해 내게로 오기만 해도 기분이 좋아진다. 돼지가 희귀암처럼 평범하지 않은 진단을 받을 때가 제일 좋다. 그럼 참고자료를 찾아보아야 하고, 경우에 따라서는 시료를 실험실로 보내거나 동료와 의견을 주고받는다. 그럼 그 순간엔 머리가 입을 다문다.

퇴근하고 아버지를 만나 이런저런 이야기를 나누다가 도축장 이야기가 나온다. 내가 절룩이는 돼지가 너무 많다고 이야기한다.

"어차피 곧 죽을 텐데 그 5분 동안 더 절룩인다고 뭐가 달라져?" 아버지가 묻는다. "아마 벌써 몇 주 전부터 그랬을 거야. 그러니 5분 더 절룩거린다고 해서 달라질 건 없잖니."

나는 벌컥 화를 낸다. "불필요한 고통을 덜어주는 것이 제가 하는 일이에요. 절룩이는 돼지를 다른 돼지들하고 같이 몰고 가는 건 아니라고 봐요."

아버지는 미심쩍은 표정이다. "글쎄다, 나무만 보다가 숲을 못 보는 것은 아닌가 싶다만."

38일

지각이다. 버스 정류장에서 도축장까지 어찌나 빨리 달렸는지 한겨울 추위에도 땀이 난다. 출입카드를 읽히고 정문을 지나 마당을 가로지른다. 옷을 갈아입고 점심 도시락을 간이 옷장에 집어넣고 허둥지둥 계류장으로 내려간다.

다들 나를 기다리고 있다. 돈방마다 돼지들이 오물이 고인 시멘트 바닥 웅덩이를 피해 그 주변에 오글오글 모여 있다. 스프링클러가 없는 돈방 두 군데도 사정이 별반 다르지 않다. 나는 계류장 휴대전화로 바닥 사진을 찍어 회사 품질평가사에게 보여주자고 마음먹는다. 사진을 찍는 나를 스벤이 힐긋거린다.

수퇘지 한 마리가 돈방에 혼자 서서 입에 아무것도 없는데도 씹는 시늉을 한다. 입 전체가 거품으로 덮여 있고 울타리와 바닥에도 거품투성이다. 돼지는 꼼짝도 할 수 없는 것마냥 같은 톤으로 꿀꿀댄다. 나는 울타리 사이로 손을 뻗어 녀석의 귀 뒤편과 목을 쓰다듬는다. 뒤로 물러날 줄 알았던 녀석이 오히려 내게로 몸을 밀어댄다. 얼굴 표정이 살짝 부드러워지더니 조용해진다. 그렇게 우리는 한동안 그렇게 서 있다. 녀석을 쓰다듬을 때마다 피부에서 먼지구름이 일어난다.

"금방 올게." 나는 녀석에게 속삭이고 하차를 준비하는 수송 트럭에게로 걸어간다. 돌아와 보니 돈방이 비었다. 수퇘지는 이 산화탄소 가스실과 더 가까운 다른 돈방으로 옮겨졌다. 거품만 시멘트 바닥에 남아 있다.

언제 항의해야 하고 언제 문제점을 추적해야 하는가? 절룩이거나 통증으로 괴로워하는 돼지를 볼 때마다? 전부 일일이 선별해서 죽이기엔 숫자가 너무 많고 또 모든 과정이 너무 빠르게 진행된다. 어떨 땐 괜히 내가 간섭했다가 돼지의 마지막 몇 분을 더 힘들게 만들기도 한다. 물론 떠밀려 이산화탄소 가스실로 걸어가는 고생은 면할 수 있고 가스를 마시는 것보다 총을 맞는 편이 더 나을지도 모른다. 하지만 그러자면 친구들과 떨어져야 한다. 나는 여러 가지 나쁜 대안들을 두고 쉴 없이 고민을 해댄다.

내가 꼬리에 피를 심하게 흘리며 절룩이는 돼지를 가리킨다. 스벤이 녀석을 친구들한테서 떼어내어 몰이채로 때린다. 착. 착. 착.

"좀 살살요." 내가 말한다.

남은 돼지들을 하차시킬 동안 그 돼지는 돈방 사이 통로에 혼자 둔다. 잠시 후 녀석이 털썩 주저앉더니 일어서지 못한다. 나는 스벤을 부른다. 스벤이 이쪽을 설핏 보더니 하던 대로 숫자를 세어 돼지들을 돈방으로 밀어 넣는다. 다른 쪽에서 벵크트가 걸어온다.

"이 녀석 좀 맡아줄 수 있어요?" 내가 말한다.

"못 일어나면 그래야죠." 그가 돼지한테로 가서 볼트총을 이마에 갖다 댄다. 돼지가 벌떡 일어나 절룩이며 걷는다. 그는 돼지를 낯선 돼지들이 있는 돈방으로 들여보낸다. 스벤이 이쪽을 보더니 고개를 가로젓는다. 이번에도 내가 과민 반응을 보인 거다.

휴식시간이면 TV를 본다. 하루 종일 TV6이 틀어져 있다.

"좀 적응됐어요?" 한 동료가 내 옆에 앉으며 묻는다. 평범한 일터의 평범한 질문.

"네……."

그녀가 내 대답의 의미를 풀어보려는 듯 고개를 갸우뚱한다. "여기만 있으면 따분해져요. 다른 도축장도 가면 좋을 텐데."

"그랬으면 좋겠어요." 내가 대답한다.

일을 알아갈수록 나는 이렇게나 많은 사람이 그렇게 오랜 세월을 한곳에서 견딘다는 사실에 감탄한다. 주로 하는 일이라곤 동물을 죽음으로 몰고 가는 광경을 뻔히 쳐다보는 것뿐인 이런 곳에서 말이다. 이런 폭력과 슬픔, 이런 단조로움을 견뎌내다니. 하지만 그 말은 맞다. 동료들은 참 좋다.

39일。

　　산드라가 병가를 내서 팀장이 대신 근무를 한다. 그가 나와 교대하려고 계류장에 내려온다.

　　"이게 정상이라고 보세요?" 나는 물이 고인 돈방을 가리키며 묻는다.

　　"아침에 스프링클러로 돼지들을 깨우느라 생긴 물이라고 해요. 항의하려면 일을 시작하기 전에 어떤 상태인지를 봐야 해요. 그러자면 5시 45분에 여기로 와야죠. 예전에는 자주 와서 봤어요."

　　"그때는 물이 없나요?" 나는 더러운 돼지들을 바라본다.

　　"그때는 없었어요. 하지만 우리가 항의해서 짚을 새로 뿌렸죠."

　　요즘엔 습기를 빨아들이는 짚 사료를 쓴다. 돼지들이 그걸 안 먹고 내버려두면 바닥의 오물을 빨아들인다.

　　"옛날에 짚을 쓸 때 한번 와봤어야 해요. 진짜 끔찍했는데. 으, 냄새하고. 요새 쓰는 짚은 진짜 짱이야. 그냥 물로 쓸어내면 되거든요. 배수가 시원치 않아서 계속 막히는 게 문제는 문제지만요." 스벤이 말한다.

수의사 한 사람이 새로 왔다. 노동 시간이 일정하고 급여가 좋고 스트레스가 적어 이 일을 택했다고 한다. 그녀가 내가 있는 계류장으로 내려온다. 우리는 젖은 돈방 앞에 나란히 선다.

"짚을 찔끔 주고는 넉넉하다고 하니 문제예요." 선입견 없는 그녀의 눈으로 보면 돈방이 어떨까 싶어 내가 먼저 말을 건넨다.

"비교할 수 없으니 판단도 할 수가 없네요." 그녀가 말한다.

잠시 후 계류장 직원 파울이 이산화탄소 가스실 앞 마지막 구간에서 돼지들에게 물을 뿌린다. 강한 물줄기를 돼지들의 얼굴로 향해 쏜다.

"그러면 좋아할 것 같아요?" 내가 말한다. 너무 시끄러워 내 말이 내 귀에도 들리지 않는다.

"어쩌란 말이에요. 때리지 마라. 호스도 쓰지 마라. 안 가려는데 어쩌라고요?"

"나도 몰라요. 하지만 호스는 쓰지 마세요."

그가 씩씩거린다. 그의 실망을 이해하지 못하는 것은 아니다. 돼지를 이산화탄소 가스실로 데려가는 것이 그의 임무이고 돼지들은 안 가려 한다. 때릴 수는 없는데 어서 몰고 가야 한다. 애당초 시설 전체가 돼지들을 편안하게 데리고 가게끔 설계되지 않았다. 좁고 시끄럽고 90도 각도로 꺾어진 데다 자동 벽이 닫힐 때 돼지가 문에 끼는 사고가 잦다. 마지막 구간에서 공포에 질린 돼지들을 볼 때면 나는 녀석들이 무엇을 예상할지, 무엇을 볼지

자문한다. 돼지는 너무 예민해서 다른 돼지는 물론이고 우리의 스트레스도 곧장 감지한다. 부티나에 가까워질수록 반항은 더 거세진다. 연구 결과를 보면 돼지는 다른 돼지가 방금 배운 내용을 빠르게 이해하고 친구들의 정서적 상태에 매우 강한 영향을 받는다고 한다. 무리동물이니 녀석들의 습성과 생존은 친구들의 신호를 인지하고 해석할 수 있는 능력에 좌우될 것이다.

이제 녀석들은 엉덩이를 부티나 쪽으로 향한 채 더 가지 않으려고 용쓴다.

트럭 기사가 KRAV 돼지 한 무리를 몰고 있다. 돼지 한 마리가 절룩거리는데도 그는 사정없이 등을 내리치며 빨리 가라고 재촉을 한다.

"저 돼지는 천천히 가게 두세요." 내가 말한다.

"뭐요?" 이것이 항상 내 말에 대한 첫 반응이다.

나는 같은 말을 반복하며, 친구들과 보조를 맞추려 애쓰는 돼지 쪽으로 고갯짓을 한다.

"천천히 하고 있어요. 내가 빨리할 때 못 봐서 그래요."

그는 조금 전과 똑같은 속도로 돼지들을 돈방으로 몰아댄다.

다른 기사는 맨 뒤에 있는 돼지들을 때린다. 녀석들이 한 걸음도 걷지 못하는데 말이다. 녀석들은 매를 피하기 위해 앞의 돼지 등에 올라탄다.

"하지 마요. 어차피 못 가잖아요. 5초만 기다려요." 내가 말한다.

"그래봤자 소용없어요. 이 놈들은 백신 맞은 수퇘지들이라고요. 빌어먹을 놈들이라 걸려고 하지 않는다고요."

외과적으로 거세하지 않고 백신을 맞힌 수퇘지들은 보통 돼지보다 다루기 힘들다. 겁이 없고 말을 안 들으며 반항이 심하다. 기사의 눈이 상기된다. 그는 굽은 등, 주름진 이마, 쫓기는 눈빛의 60대 남자이다.

"최근에 못 걷는 돼지들이 많았어요. 나중에 보면 관절염을 앓고 있더라고요. 저 녀석도 아파서 그럴지 몰라요."

기사는 앞만 보며 나를 무시한다.

돼지 한 마리가 돈방에서 도망치려고 야단이다. 울타리를 물어뜯고 발굽으로 미친 듯 차댄다. 갇힌 강아지 같다.

40일

암퇘지 도축장에 왔다. 파울과 또 한 명의 직원이 돼지들을 부티나로 밀어 넣기 위해 녀석들을 온 힘을 다해 계속해서 때린다.

"몰이채를 그런 식으로 사용하지 마세요." 내가 말한다.

"다른 방도가 없어요." 파울이 말한다. 다른 직원들과 달리 그는 자기 행동을 부인하지 않고 설명을 한다. "전기봉을 없앴잖아요. 그러니까 우리도 어쩔 수가 없어요."

"맞아요. 그래도 지금 그건 법 규정을 어기는 행동입니다."

자료는 충분하다. 이 정도면 감독 관청에 알릴 수 있다. 그럼 특별 점검을 할 수 있을 것이다. 나는 사무실로 가서 대표에게 어떻게 하면 되는지 묻는다. 그는 사라와 클라스가 담당이니 그 둘에게 물어보라고 일러준다. 동물보호규정 위반과 관련된 모든 이의 신청은 사라의 승인이 필요하고, 실무 진행은 클라스가 담당한다. 사라는 마침 외근을 나가는 길이지만 담당 관청에 보고서를 보내도 좋다고 동의한다.

"어떻게 하는지는 클라스가 가르쳐줄 거예요."

셋이서 한자리에 모이기란 불가능하다. 클라스에게 물어볼 기회가 왔다 싶을 때는 사라가 퇴근했거나 휴가를 냈다.

"회사에 개선할 기회를 주지도 않고 감독 관청에 보고서부터 보내겠다고요? 그 정도로 명확한 위법행위인가요?"

"제 생각에는 그렇습니다."

"흠, 알겠어요. 그래도 사라하고 한 번 더 이야기해보세요. 혹시 빠진 게 있을 수도 있으니까요."

"그냥 제가 관청에 메일을 보내서 문제를 보고하면 안 되나요? 기본적인 문제점이에요." 내가 말한다.

이와 비슷하거나 이보다 더 나쁜 수많은 상황에서 나도, 다른 수의사들도 아무 조치도 취하지 않았다. 그런데 특정 이름을 거론하는 것은 잘못이라는 생각이 든다.

"아니요, 검사보고서는 날짜와 관련자 이름이 들어가야 해요. 그밖에도 여러 가지가 정확해야 하니까 사라한테 한 번 더 물어보는 게 좋을 것 같아요."

어쩌면 전혀 어렵지 않을 것이다. 나는 누구에게도 책임을 떠밀 수 없다. 하지만 나는 기회를 그냥 넘긴다. 우리 컴퓨터 시스템에서 그런 검사보고서를 어떻게 작성하는지 도통 모르겠다. 게다가 몰이채로 때리지 못하게 하면 도축장 측에서 전기봉을 사용하게 할 수도 있다. 정말로 다시 한번 사라와 이야기해봐야 할 것 같다. 그러면서도 또 한편으로 나는 자책한다. 여기서 일하기 전에는 한 번도 내가 감독관청에 보고할 의무에 태만할 것이라고 생각하지 않았다. 하지만 나는 내가 본 내용들을 관료주의의 방아에 넣고 빻아댄다. 내가 상황과 법을 잘못 해석한 것일까?

너무 예민하게 구는 걸까? 돼지들이 매질당하는 모습을 본 사람이 나밖에 없는 걸까? 모두가 동의하는 '매질'의 정의가 있기는 한 걸까? 가끔 한 대 때리는 것은 괜찮은 걸까? 관청의 감독관들은 한 번씩 올 때마다 무엇을 보고 무엇을 하는 걸까? 규정을 잘 지키고 있음을 확인하는 보고서를 또 한 장 쓰고 마는가?

41일。

추운 아침이다. 기사 마르쿠스가 언제나처럼 웃으며 농담을 던진다. 그가 트럭 문을 열고 돼지들을 밖으로 내몬다. 한 마리가 트럭 적재 칸에 서서 온몸을 떨며 숨을 몰아쉰다.

"총을 쏴야겠는데요." 마르쿠스가 말한다.

벵크트가 볼트총을 가지러 간다. 그가 돌아오자 같은 트럭에 실려 온 다른 돼지 한 마리가 돈방에서 쓰러진다. 바닥에 누워 몸을 떨며 비명을 지른다.

"에잇." 벵크트가 투덜대며 돈방으로 가서 돼지머리에 총을 쏘고 목을 가른 후 그대로 두고 하역장 쪽으로 가서 다른 돼지에게도 총을 쏜다.

"하루 시작이 아주 좋습니다." 마르쿠스가 씩 웃으며 말한다.

스벤이 양쪽에서 흘러오는 피를 씻어낸다. 죽은 돼지들은 두 대의 대차에 나누어 싣고 간다. 마르쿠스가 또 한 번 트럭 문을 열어 남은 돼지들을 밖으로 내보낸다. 돼지들이 적재 칸에서 비틀댄다. 몇 마리는 배수구 옆에 서서 피를 핥는다.

카를손이 웃으며 내게로 온다. 그는 돼지들을 마구 몰지 않는 명랑하고 다정한 기사이다. "오늘 2백만 마리를 넘겼어."

"뭐가요?"

"내가 이 일을 41년째 했는데 계산해보니까 그동안 나른 돼지가 2백만 마리가 넘었더라고요."

"세상에나, 그렇게나 많이요."

"그렇지. 그래도 난 여전히 이 일이 좋아요. 하긴 예전이 더 재미있기는 했어요. 밥도 같이 먹고 술도 같이 하고." 그가 호탕하게 웃는다.

점심시간에 단의 사무실 문을 두드린다. 그는 도축장 품질평가사이며 우리 사무실 옆 복도의 창문 없는 방에서 일을 한다.

"제가 돈방 배수 문제에 대해 생각해봤는데요." 나는 이렇게 운을 떼며 돈방 바닥이 아침이면 젖어 있고 물이 빠지지 않아서 돼지들이 물에 빠져 있거나 아니면 구석에 몰려 있는 사정을 설명한다.

"돼지들이 추워서 떨어요. 보여드리고 싶어서 아침마다 돈방 사진을 찍어봤어요."

단은 정말로 친절하고 다정하다. 그가 사진을 메일로 보내달라고 말한다. 퇴근길에 복도에서 그와 마주친다.

"맞아요. 그런 상태면 안 돼요. 아침 미팅 시간에 계류장 직원들에게 말할게요." 그가 눈썹을 치켜뜨며 말한다. "짚을 더 뿌려야 해요. 여러 번 지적했는데 감시하는 사람이 없으면 금방 다시 소홀해져요."

"와, 대단하시네요." 나는 그의 적극적이고 빠른 반응에 감격해 열심히 고개를 주억거린다.

집으로 가는 길에 스멀스멀 수치심이 솟구친다. **무엇에 그리 열광했던가?** 누군가 내 말을 들어주고 내 말이 옳다고 인정해줘서? 짚 한 삽 더 뿌렸다고 해서 큰 차이가 있을 것이라고 정말로 믿어서?

42일

돼지 한 마리가 수송 중에 죽었다. 나는 적재 칸으로 기어오른다.

"주무시나?" 로베르트가 뒤에서 농담을 한다.

"네, 아주 깊게 잠들었어요." 나는 웃지 않고 대꾸한다. 고개를 숙여 몸통을 자세히 살핀다. 목에 물린 자국, 흐린 색깔의 점막, 코 둘레의 푸른 그림자.

잠시 후 돈방 앞에 서서 안쪽 돼지 한 마리에게 손을 내민다. 로베르트가 지나가다 한마디 한다. "먹는 거 갖고 장난치면 안 돼요."

오후에 산드라를 만났더니 로베르트가 약간 걱정을 하며 이렇게 말했다고 한다. "리나는 도축장 유머를 못 알아듣는 것 같아요."

계류장 휴식시간에 방혈 공정을 지나간다. 가스마취시설 바로 뒤편 컨베이어벨트에 의식을 잃은 돼지 한 무리가 찾아가지 않은 공항 수화물벨트의 가방처럼 누워 있다. 다음 공정에 아무도 없다. 시간이 자꾸 흐르자 나는 불안해지기 시작한다. 저러다 돼지들이 깨어나서 정신을 차리면 의식이 있는 채로 목에 칼을 맞을 것이다. 마침 휴게실에서 남자들이 나온다.

"이렇게 오래 여기 두면 안 되는 거 아니에요?" 내가 묻는다.

"금방 나온 애들이에요."

나는 사무실로 가서 마취 후 얼마 만에 방혈해야 하는지를 기록한 규정을 미친 듯이 찾는다. 뒤지고 또 뒤져서 마침내 규정이 바뀐 사실을 내가 미처 몰랐다는 사실을 깨닫는다. 유럽연합 규정이 발효되면서 최대 60초라는 과거의 상한선이 삭제되었다. 이제는 공장의 기준에 따라 최대 간격이 정해진다.

오후에 절룩거리는 데다 호흡에도 문제가 있는 돼지가 실려 온다.

"저 녀석 상태가 안 좋네요." 나는 말을 걸어 기사의 관심을 깨우려 한다.

그는 나를 보지도 내 말을 듣지도 않는다. 돼지는 숨을 헐떡이며 겨우겨우 걸음을 내딛는다. 그러다가 풀썩 주저앉는다. 스벤이 한숨을 쉬며 걸어온다. 몇 초가 지나고 몇 분이 지난다. 돼지는 옆으로 누워 움칠거리며 사이렌처럼 비명을 지른다. 참을 수가 없다. 나는 스벤의 뒤를 쫓아간다.

"어떻게 좀 해봐요."

"알았어요, 알았어. 가고 있잖아요."

그가 돼지머리에 총을 쏜다. 볼트가 이마뼈에 박힌다. 스벤이 욕을 하면서 목을 가른다. 돼지는 볼트총을 머리에 대는 순간부터 경련하기 시작한다. 피가 콸콸 솟구친다. 처음에는 작은 시냇물 수준이더니 경련의 리듬과 함께 더 힘차게 솟구친다. 작은 붉은 점들이 내 안경알에 튄다.

돼지를 대차에 밀어 올리는 스벤을 도와준다. 그가 나더러 약골이라 놀린다. 그러면서 내 이두박근을 더듬는 시늉을 한다. 우리는 웃는다.

43일

도축장에서 칼레와 음악 이야기를 한다.

"출근하기 전에 집에서 음악을 진짜 크게 틀어놓고 들어요. 완전 짱이에요." 그가 말한다.

"무슨 음악을 들어요?"

"이러는 노래요. You only live once!(인생은 한 번뿐!)" 그가 노래를 부르며 댄스 스텝을 밟는다.

"그런 노래를 듣고 나서 출근하면 좀 우울하지 않아요?" 내가 도축작업장 방향을 가리키며 묻는다.

그가 웃는다. "맞아요. 그렇게 볼 수도 있죠."

우리가 거기 서 있으려니 회사의 품질평가사 단이 내게로 걸어온다. 내가 메일로 보낸 사진을 보고 직원과 이야기했다고 한다.

"물은 스프링클러 때문이에요. 아침마다 돼지들 잠을 깨우느라 스프링클러를 돌리거든요. 돼지들이 잠에 취해 있으면 몰기 힘들어요." 그의 목소리에서 딱딱한 호두를 마침내 깨뜨린 사람처럼 승리감이 느껴진다.

"사진으로 찍은 돈방 두 곳은 스프링클러가 없어요."

"네, 맞는 말씀입니다만 전체적으로 그렇다는 거예요. 배수시설이 좋지 않아서 잘 막히고 그래서 물이 넘친다고 볼 수도 있겠는데요. 엄청난 돈을 들여서 전체 시설을 개조했기 때문에 현재로서는 더 이상 투자할 수가 없어요." 그가 돈을 들여 개조한 시설을 모조리 열거한다.

"그래도 짚이라도 조금 더 뿌려주실 수는 없나요?" 결국 나는 이렇게 말한다.

"그건 방금 전에 말해두었습니다. 우리가 감시를 안 하면 점점 줄어들거든요. 짚 뿌리는 것도 일이니까요."

돼지 한 마리가 지정된 길을 따라 자기 무리와 같이 돈방으로 들어가지 않으려고 발버둥 치면 매번 힘겨루기가 시작된다. 어떨 땐 직원이 돼지를 그냥 내버려둔다. 어차피 다음 무리가 밀려오면 그 녀석들한테 떠밀려서 돈방으로 들어갈 테니 애써 힘쓸 이유가 없다. 하지만 몇몇 직원들은 그러면 체면이 깎인다고 생각하는 것 같다. 그래서 몰이채와 몰이판을 동원하여 지루한 싸움에 돌입한다. 돼지는 꽥꽥 울며 반항하거나 빠져나가려고 애쓴다. 항상 싸움의 끝은 돼지의 패배이다.

스물세 마리 친구들과 함께 돈방에 들어간 돼지 한 마리가 벽에 붙어 누워 비명을 지른다.

"벵크트!" 나는 본능적으로 외친다.

"그건 안 돼요. 저 안으로 들어가서 애들이 보는 데서 총을 쏠

수는 없어요." 그가 외치고는 하던 대로 계속 계류장 통로의 오물을 씻어낸다.

그에게 그걸 부탁했던 것은 아니지만 사실상 내가 여기서 부탁할 수 있는 것은 그 한 가지뿐이다. '쏴요!'

나는 돈방의 돼지들을 자세히 들여다본다. 돼지 세 마리가 다른 한 마리 위에 올라타서 귀를 물어뜯고 목을 때린다. 맞는 돼지는 너무 더워서 기력이 하나도 없는 것 같다. 그래서 저항도 울음으로밖에 하지 못한다.

"그만해." 나는 소리 죽여 말한다. 그리고 호스를 가져와 조심스럽게 맞고 있는 돼지에게로 향한다. 녀석의 기분이 나아진 것 같다. 비명이 이내 그치고 숨소리도 편해진다. 다른 녀석들은 물을 핥기 시작한다. 제일 덩치가 작은 녀석이 물줄기 한가운데에 들어와서 입을 크게 벌리고 혀로 물을 받아먹는다. 눈빛이 초롱초롱하고 도전적이다. 말은 절대로 안 듣지만 따분해서 금방 딴 곳으로 정신을 파는 아이 같다. 내가 이리저리 흔드는 물줄기를 따라 꼬마가 쫓아온다. 말라붙은 오물로 덮여 있던 얼굴이 차츰 물에 씻기고 그 밑의 피부가 드러난다. 깨끗한 분홍빛이다.

44일

아침에는 어둠이 조밀하다. 크리스마스를 몇 주 앞두고 우리는 계속 잔업을 한다. 아침에도, 오후에도. 추위가 버스까지 기어들어와 몸이 뻣뻣하다. 10대 소녀 둘이서 시시덕거리며 깔깔 웃어댄다. 5시밖에 안된 이 이른 시간에도.

계류장도 춥다. 수송 트럭 한 대가 와서 문을 열자 돼지들이 뒷걸음질 친다. 한 녀석이 겁을 잔뜩 집어먹고 벌벌 떤다. 녀석이 다른 녀석의 몸을 타고 올라 트럭의 창살 창으로 빠져나가려고 용쓰는 바람에 녀석의 코가 창의 틈새로 보인다. 녀석은 연신 풀쩍 뛰며 창문으로 몸을 던지지만, 얼마 못 가 다른 친구들에게 떠밀려 트럭을 내려온다.

돼지들이 비틀대며 트럭을 걸어 내려오니 녀석들의 몸에서 열기가 치솟는다. 어둠 속에서 보니 녀석들이 연기를 뚫고서 나타나는 것 같다. 옷장을 지나 나니아에 도착한 아이들처럼. 동물들이 말을 하는 그 영원한 겨울 왕국으로 들어간 아이들처럼.

"동화 같아요." 영하 5도의 바깥에 서서 추위에 떨면서 나는 벵크트에게 속삭인다.

"영하 15도에서 봐야 해요. 진짜로 연기가 난다니까요." 그가 대답한다.

누군가 셔터 문을 열자 햇살에 눈이 부시다. 나는 깜짝 놀란다. 12월이고, 얼굴에 해를 받아본 지 엄청 오래됐기 때문이다. 올가을과 겨울엔 시간 계산이 다르다. 아주 많이 느리다.

오후에 발굽을 다친 돼지 한 마리가 도착한다. 피도 약간 난다. 오늘 도축 작업은 끝났으니 지금 도착하는 녀석들은 이곳에서 밤을 보내고 내일 아침 일찍 도축한다.

"총으로 죽여서 따로 선별할까요? 아니면 돈방에 혼자 둘까요?" 벵크트가 묻는다.

나는 망설인다. "네. 근데 조건이 있어요. 짚을 넉넉히 주고 친구를 넣어줘요. 혼자 있으면 추울 거예요."

벵크트는 녀석을 무리에서 떼어 내어 다른 돼지 한 마리와 따로 돈방에 집어넣는다. 그리고 짚을 여섯 삽이나 준다. 시멘트 바닥에 깔린 한 무더기의 짚 사료.

"이러면 됐죠?"

돼지는 곧바로 드러눕는다. 다리에 무리가 가서 서 있기가 힘들 것이다. 양심의 가책을 느낀다. 무엇 때문에 내일 아침까지 여기 두라고 했을까?

폐기하면 축산업자와 도축장이 손해 보기 때문에?

수의사는 강제 조치에 대해 균형 있고 진보적인 자세를 취해야 하므로?

아마 전혀 다른 이유일 가능성이 제일 크다. 그 편이 나에게도, 벵크트에게도 더 편하므로.

"퇴근하기 전에 한 번 더 살펴보세요." 나는 그에게 부탁한다.

"당연하죠. 상태가 안 좋아지거든 총으로 죽일게요."

아마 그런 일은 일어나지 않을 것이다. 하지만 책임을 떠넘기고 나니 마음이 한결 가볍다.

도축작업장 직원이 등에 스패너 자국이 있는 돼지를 발견한다. 이건 명백한 케이스다. 우리가 개입할 수 없는 특별 케이스. 여기선 아무도 스패너로 돼지를 때리지 않으니까.

45일。

————————

아침에 계류장에 가니 벵크트가 말한다. "그 돼지가 어젯밤을 무사히 보냈어요. 어제 바로 잠이 들었거든요."

나는 움찔한다. 발굽 돼지를 까맣게 잊고 있었다. 몇 주 전만 해도 있을 수 없는 일이다. 내가 그만큼 무뎌졌다는 증거일까? 개체의 고통과 운명이 뒤섞이고, 책임은 너무나 똑같고 무거워 모든 것을 쉽게 떨쳐낸다.

돼지 한 마리의 몸집이 친구들에 비해 절반밖에 안 된다. 소풍에 데려가도 될 만큼 작은 녀석이다.

"이 녀석은 더 이상 안 자라요." 벵크트가 말한다.

몸집에 비해 귀는 크다. 귀와 발굽만 정상적으로 자랐다. 날렵하게 수비벽을 뚫는 꼬마 농구선수처럼 녀석이 돈방을 질주한다. 나는 계류장용 휴대전화로 녀석의 사진을 한 장 찍는다.

"너무 귀여워요." 내가 옆에 서 있는 벵크트에게 말한다.

그가 웃는다. "확대해서 책받침으로 써요."

나는 울타리 틈으로 손을 집어넣는다. 꼬마 돼지는 겁도 없는지 내게로 다가와 내 손가락과 재킷 소매를 잘근잘근 씹는다. 나는 녀석의 머리를 쓰다듬는다. 눈 주위 피부가 발갛게 부었다.

한 시간 후 나는 도축작업장에 서 있다. 방금 탕박기에 들어갔다 나와서 아직은 온전한 녀석의 작은 몸통 때문에 반으로 가른 돼지 몸통들의 행렬이 중단된다. 녀석의 다리에 똥이 살짝 튀었다. 녀석은 몸집이 너무 작아 기계로는 자를 수 없어서 손으로 잘라야 한다. 녀석의 귀가 두 개의 돛처럼 걸려 있다.

자비는 없다.

"오늘 도착한 작은 돼지 봤어요?" 오후에 계류장에서 스벤에게 묻는다.

"아, 그 새끼 돼지요? 다른 돼지들보다 나이는 더 먹은 것 같던데, 더 이상 안 자랄 거예요."

우리는 돼지가 참 빨리 자란다는 이야기를 나눈다. 돼지는 여섯 달만 돼도 몸무게가 100킬로그램을 넘는다.

"따지고 보면 참 불쌍한 신세지만 닭에 비하면 뭐 복에 겨운 거죠. 닭은 한 달밖에 못 살아요. 여기 이 녀석들은 그래도 반년은 살았잖아요." 스벤이 말한다.

그래서 어떤 생각이 드느냐고 물으려는 찰나 수송 트럭이 도착하고 스벤이 사라진다. 계류장에선 대화를 나눌 기회가 드물다.

이산화탄소 가스실을 앞둔 마지막 구간으로 파울이 돼지들을 몬다. 나는 내가 보고 있다는 것을 알리려고 근처로 다가간다. 돼지들은 불안해서 뒤돌아가려고 애쓴다. 파울이 버튼을 누르자 돼지들 한가운데로 자동문이 달려온다. 돼지 한 마리가 문에 낀다. 녀석이 비명을 지르며 빠져나가려고 버둥거린다. 파울은 도와줄 마음이 없는지 그냥 쳐다보고 있다. 내가 녀석에게로 달려간다. 그가 아니꼽다는 표정으로 나를 쳐다본다.

"뭐요?"

"돼지가 끼었잖아요."

"그거 자동문이에요. 끼면 열 수가 없어요. 한 번 더 버튼을 눌러야 하는데 그래도 열리려면 몇 초가 더 걸려요. 기술자한테 말한 것이 한참 전인데 아직도 손을 안 봤어요. 내가 기술자도 아닌데 어쩌라고요."

경험 많은 동료 페르가 교대하러 계류장으로 내려온다. 그는 27년째 여기서 일하고 있다. 평소엔 대부분 다른 도축장으로 파견을 나간다.

"여기 몰이 방법이 보시기 괜찮으세요? 가령 저기 저 사람은 어떻게 생각하세요??" 나는 여전히 등을 때리며 돼지들을 이산화탄소 가스실로 모는 파울을 가리킨다.

"파울은 잘하고 있어요."

"진짜요? 제가 보기엔 너무 거칠어요."

"네? 아니에요. 잘하고 있어요."

조금 떨어진 곳에서 다른 직원이 돼지를 거칠게 몰고 있다. 몰이채가 쉬지 않고 돼지의 등을 가른다. 딱 봐도 돼지들이 스트레스를 받는다.

"저기 저 사람은요? 저것도 괜찮아요?" 내가 그 남자를 가리키며 말한다.

그가 잠깐 망설인다. "너무 심하지만 않으면 괜찮아요."

46일。

사라와 함께 동물보호 지침 단속에 참여한다. 오늘은 그 일에 하루 종일을 배정한다. 우리는 도축장의 여러 공정을 점검하고 법 규정과 기업의 기준을 잘 지키는지 살핀다. 공장장이 우리와 함께한다. 우리는 다시 돈방의 바닥을 지적한다. 전혀 개선되지 않았다.

"짚을 더 많이 뿌리나요?" 스벤에게 내가 묻는다.

"더요? 아니요. 그건 안 돼요."

더 많이 뿌리라는 지시를 못 받은 사람의 말투다. 오늘은 배수관이 막혀서 바닥이 평소보다 더 젖었다.

"담당 관청에 사실을 알리겠어요. 여러분이 어떤 조치를 취해야 할지, 이 공장만 특별 허가를 줄 것인지 여부는 거기서 와서 봐야 결정을 내릴 수 있을 테니까요. 하지만 배수구는 제대로 작동이 안 되네요. 벌써 여러 번 지적했는데요." 사라가 말한다.

"그러게요. 매번 말했죠." 공장장이 말한다.

"당장 취할 수 있는 조치가 뭐죠?" 사라가 묻는다.

나는 이 상황이 시나리오 같다. 공장장은 우리가 어떤 질문을 할지 알고, 우리는 공장장이 무슨 대답을 할지 안다.

"짚을 더 뿌려야죠."

우리는 돈방에서 밤을 보낸 돼지가 각 줄에 걸린 코팅 종이에 적힌 숫자보다 많지 않은지 확인한다. 무작위로 돈방 하나를 골라 확인해보니 종이에는 17이라고 적혀 있는데 실제로는 열아홉 마리이다. 그러니까 두 마리가 많다.

"이것도 위반이네요. 이건 우리 담당이에요."

이건 실수가 아니다. 그건 우리도 안다. 직원들은 숫자를 맞추려고 무척 신경 쓴다. 몇 마리만 많아도 금방 눈에 띈다. 돼지들이 거의 움직일 수가 없으니까.

방혈 공정에선 돼지를 차례로 찔러 피가 콸콸 솟아지는 광경을 지켜본다. 움푹 들어간 바닥에 서서 방혈하는 직원에게 다가가 칼을 자세히 살핀다. 잘 드는가? 양날인가? 나는 본 내용을 기록한다.

임의추출 검사 담당인 다른 도축사가 적어놓은 파일을 우리에게 보여준다. 앞서 몇 시간 동안 그는 40마리 돼지의 각막 반사 검사를 실시했다. 예민한 수용체가 있는 눈의 각막을 살짝 건드리는 검사이다. 돼지가 눈을 깜빡이면 마취되지 않았다는 이야기이므로 방혈하기 전에 머리에 총을 쏘아 죽여야 한다.

오늘 점검할 공정 중 하나는 "마취 도구와 도살 도구의 관리 및 점검"이다. 우리는 부티나 앞에 서서 그 안으로 떠밀려 들어가는 돼지들을 지켜본다. 돼지들은 저 아래 가스실에 3분 42초

동안 머무른다.

"안을 볼 수 있을까요?" 내가 사라에게 묻는다.

안을 보고 싶은 마음도 있지만 보고 싶지 않은 마음도 있다. 사라가 도축장 직원에게 묻는다.

"그건 기술자한테 물어봐야 해요. 그 사람이 열쇠를 갖고 있거든요." 그가 맹꽁이자물쇠(서양식 자물쇠의 한 가지. 반타원형의 고리와 몸통의 두 부분으로 되어 있으며 열쇠로 열면 고리의 한쪽 다리가 몸통에서 떨어져 나온다―옮긴이)가 달린 4각의 금속 걸고리를 가리킨다.

아무리 찾아도 기술자가 없어서 우리는 위층의 공구 수리실로 올라간다. 선반 한 줄에 볼트총 여러 개가 놓여 있다. 수리기사가 파일을 꺼내서 볼트총을 얼마나 자주 수리하는지 보여준다. 총은 쓸 때 항상 상태가 좋아야 한다. 그가 최근의 통계를 가리키느라 종이에 기름진 손가락 자국을 남긴다. 나는 서류에 체크한다.

오후에 두 시간 동안 보고서를 작성한다. 쓰고 고치고 컴퓨터에서 법 조항을 복사한다. 세부만, 조항만, 양식만 본다. 열일곱 마리가 들어갈 돈방에 열아홉 마리를 넣으면 돼지 한 마리에게 주어지는 공간이 얼마나 차이 나는지 몇 번 계산한다.

오래 걸렸지만 드디어 배수 상태가 나쁜 돈방 바닥을 담당 관청에 알린다. 우리는 모니터 앞에 앉아 커피를 마신다. 뭔가 중요한 사람이, 창의적인 사람이 된 기분이다.

47일

아침마다 도축장 마당을 가로지른다. 비가 와서 장화 속까지 물기가 스며든다. 나는 물웅덩이를 피하느라 지그재그로 걸으며 잠수함 같이 생긴 이산화탄소 탱크를 지나고 고기를 실어놓은 트럭을 에두른다.

발이 절로 도축작업장 쪽으로 간다. 오늘 여기서 3천 개의 생명이 소멸할 예정이다. 동시에 나는 오늘 퇴근하고 무엇을 할까 고민한다.

가장 불쾌한 깨달음 중 하나이다. 이제는 나마저 여기에 적응했구나!

나는 도축작업장 문을 열고 몸을 반으로 가른 돼지들의 기다란 행렬 한가운데로 들어간다. 돼지 두 마리 사이로 밀고 들어갈 때면 흰옷이 더러워지지 않을까 하는 생각뿐이다. 들쩍지근하고 뜨뜻한 피 냄새는 전혀 맡지 못한다. 체액이 찰랑대는 욕조도, 바닥에 떨어져 찢어진 채 신발과 장화에 들러붙는 내장도 눈에 들어오지 않는다. 도축사들이 장갑도 안 낀 손으로 돼지 배에서 창자를 끄집어내고 뱃가죽을 뜯어내지만 전혀 감지하지 못한다. 오줌이 꽉 차서 곧 터질 것 같은 오줌보도 눈에 안 들어온다. 여름날의 물풍선 같은 그 오줌보도.

하루는 뒤섞이고 인상은 반복되어 한 마리 돼지의 유일함이 지워진다. 하지만 나는 이제 밤마다 죽은 돼지들 꿈을 꾼다.

여기선 동물을 제품 취급한다. 하지만 그게 또 그렇게 단순하고 명확하지는 않은 것 같다. 계류장을 나서려는 데 방혈 공정에서 일하는 직원 한 사람이 나를 불러 세운다.

"수의사라면서요?"

"네."

"우리 강아지가 며칠 전에 발톱이 절반 정도 찢어졌어요. 그래서 동물병원에 가서 뽑고 왔는데요. 이 녀석이 목에 보호대를 안 하려고 해요. 아무리 달래도 절대로 안 해요. 발을 핥지도 않고 상처도 괜찮아 보이는데 그대로 둬도 될까요?"

"핥지 않고 상처도 깨끗하다면 괜찮을 거예요."

도축작업장 막내 직원에게 쉬는 날 뭐하냐고 물어본다. 그는 자기 고양이 이야기를 꺼낸다.

"그놈이 제 베프거든요. 그놈 죽으면 어찌 살까 상상이 안 돼요."

그와 교대한 알란도 동물 이야기를 꺼낸다. 막내가 토끼를 키우고 싶다고 한단다. 나는 두 마리를 사라고 권한다. 토끼는 친구가 필요하다고 말이다.

"두 마리요? 그건 안 돼요. 하나도 힘든데."

"사람들이 잘 몰라서 그러는데 그럼 안 돼요." 나는 나도 어릴 적에 잘 몰라서 한 마리만 키웠다고 이야기한다.

"동물을 정말 좋아하나 봐요." 알란이 묻는다.

"네."

"돼지도?"

"돼지는 진짜 좋아해요. 알란도 그렇지 않아요?"

"에이, 아니죠. 아 맞다, 죽이는 건 좋아해요." 그가 히죽 웃는다. 이런 호전적인 눈빛을 나는 잘 안다. 젊은 시절의 내가 떠오른다. 나는 그의 대답을 문맥에 맞게 해석해본다. 그는 컨베이어 벨트에서 일하니까 자기가 일하는 공정밖엔 모른다. 계류장의 산돼지는 한 번도 안 봤을 것이다.

하지만 착각이다.

"계류장에 가봤어요?"

"당연하죠. 처음에 거기서 일을 시작했는데요."

"아 그렇구나."

"거긴 싫더라고요."

"왜요?"

"그냥 여기가 더 좋아요."

48일。

    오후 1시 무렵 가스마취시설이 고장 난다. 모든 직원이 동시에 계류장으로 달려가는 바람에 초록색 가운이 사라져버렸다. 기술자, 공장 관리자들, 도축사들이 부티나 주변에 옹기종기 모여 있다. 남은 사람들은 오늘 저녁에 잔업을 얼마나 할지 추측해댄다. 30분? 한 시간? 두 시간? 스벤을 비롯한 계류장 직원들은 계류장이 포화 상태에 빠질까 봐 스트레스 만빵이다. 앞으로 800마리 이상이 밀려올 텐데 자리를 마련하려면 얼른 나머지를 처치해야 한다. 스벤이 돼지 세 마리를 다른 돈방으로 몰고 간다. 두 마리가 사료실 문이 열린 것을 보고 그쪽으로 달려간다. 스벤이 욕을 퍼부으며 몰이채를 허공에 대고 휘두른다.

    "화내지 마요. 저 애들 잘못이 아니잖아요." 내가 말한다.

    "알아요." 그가 불퉁해서 대답한다.

    잠시 후 그가 말한다. 최근 1년 반 동안 직원이 20명이나 그만두었다고. "건물은 어느 구석이나 엉망이고 제대로 돌아가는 건 하나도 없고 신참들은 똥인지 된장인지 감을 못 잡고."

    "뭘 감을 못 잡아요?

    그가 내 질문에 놀란 표정을 짓는다. "저것 봐요. 돼지를 한꺼번에 너무 많이 몰고 가잖아요." 그가 이산화탄소 가스실을 코앞에 둔 마지막 구간을 가리킨다. 돼지들이 공포에 질려 우왕좌왕하는 구간이다. "도통 감을 못 잡는다니까!"

오후에도 여전히 문제가 해결되지 않자 수송 트럭 몇 대가 다른 도축장으로 핸들을 돌린다. 돼지들도 그대로여서 계류장은 곧 한계에 이를 것 같다. 돼지들은 오물 범벅인 몸으로 서로 싸워대고 계류장 공기도 점점 나빠진다.

수송 트럭 한 대에 실려온 돼지들 중에 두 마리가 꼬리에 상처가 나서 부었다. 꼬리를 물어뜯겨도 대충 넘어갈 때가 많지만, 트럭 기사나 수송업자가 절대 놓칠 수 없을 만큼 큰 상처를 입기도 한다. 나는 기사에게 돼지 상태가 안 좋다고 말한다.

"아, 못 봤네." 그가 대답한다.

나는 그에게 돼지를 가리킨다.

"그러니까요. 못 봤어요. 50마리 돼지를 한꺼번에 실으니 하나하나 다 살필 수가 없어요." 그가 다시 대답한다.

"그렇다면 지적하기 잘했군요." 내가 대답한다.

"어쨌거나, 저런 건 우리도 미리 발견하고 싶어요. 신고당하고 싶은 사람이 어디 있겠어요. 그러니까 다들 잘하고 싶다고요." 말을 마친 그가 나를 찬찬히 살핀다. "돼지 실을 때 농장에 가 본 적 있어요?"

"아니요. 왜요?"

"꼬리가 그렇게 중요하다니까, 그렇다면 가서 한 번 봐야 하지 않나……."

"무슨 말이에요?"

"그러니까…… 규정대로 하기가 불가능해요." 그가 머뭇거리다 다시 입을 연다. "여긴 돼지가 트럭을 내려갈 수 있게 시설이 잘 되어 있잖아요. 하지만 농장은 적재 사다리와 축사 출구의 높이가 달라요. 아니면 축사 문이 너무 작든가. 그래서 돼지들이 앞으로 가지 못해요. 심지어 이만한 높이에서 돼지를 트럭으로 밀어 올리는 농장도 있어요." 그가 약 1미터 높이를 가리킨다. "때리고 꼬리와 귀를 잡아당기죠. 요즘은 전기 몰이판을 못 쓰게 하니까 더 심해졌어요." 그가 내 눈을 똑바로 쳐다본다. "돼지를 앞으로 몰 수 없어요. 어쨌든 합법적인 방법으로는 불가능해요."

"힘들겠네요. 그렇게 힘들여 실어 오면 우리가 떡 하니 서서 몰이채로 때리지 말라고 하고……." 내가 말한다.

"넵. 가끔은 불합리하다 싶죠." 그가 말한다.

3시쯤에 부품이 도착한다. 오토바이로 실어 날랐다고 누군가 말한다. 이제 부티나를 수리할 수 있다. 오늘 저녁 도축장은 여섯 시까지 작업하고 내일 아침에도 30분 일찍 시작한다.

49일.

암퇘지 등에 여러 가지 색깔로 마킹을 한다. 새빨간 색으로 부적합이라는 글자를 쓴다. 혹은 마구잡이로 초록 줄을 그린다. 둘 다 같은 뜻이다. 불합격.

인트라넷에서 예전에 어떤 수의사가 동물보호를 주제로 쓴 PPT 파일을 발견한다. **위법행위를 관청에 알려도 뭐가 달라지는 않을 것이다. 하지만 알리지 않는다면 절대 변하지 않을 것이다.** 선의를 품은 수많은 용맹한 사람들이 이 복도를 지나갔다. 계류장 사무실에서 발견한 작은 노트 속 끄적임에서도 그중 몇 사람을 만난다. 오전 직원 휴식시간에 마침 수송 트럭이 없어서 그곳에 한참을 앉아 있었다. 하루는 끝날 것 같지가 않다. 위가 쓰리고 어깨도 뭉친다. 여기서 8월까지 버틸 것 같지가 않다. 그러다 크리스티안 룬드베리Kristian Lundberg의 책《Yarden》(The Yard)을 떠올린다. **그것이 우리가 맞설 수 있는 유일한 방법이 아닐까? 이 세상에서 증인으로 산다는 것?** 나는 검사한 돼지 숫자와 폐기한 돼지 숫자를 적으려고 호주머니에 항상 갖고 다니는 수첩을 꺼낸다. 저편 계류장에서 암퇘지들이 비명을 질러낸다. 누군가는 이야기해야 한다. 나는 거기 웅크리고 앉아 종이에 묻은 핏자국을 노려본다.

돼지 한 마리가 트럭에서 내려오지 못한다.

"쏴야겠어요." 내가 말한다.

로베르트가 얼른 볼트총을 꺼낸다. 그가 총을 쏘고 돼지를 발로 민 다음 목을 가른다.

"즐거운데 유익하게도 일했네요." 피가 트럭 옆면으로 튀는 동안 그가 나를 보며 미소를 짓는다.

"네?"

그가 하하 웃는다. "봐요. 나 사냥꾼이에요!"

다른 수송 트럭에서 암돼지 한 마리가 내려오지 않는다. 다리가 시원치 않아 걷지 못한다. 아니면 내려오고 싶지 않은 것일까? 기사와 스벤이 포기하지 않고 어떻게든 돼지를 걷게 하려고 애쓴다. 거기서 죽이면 200킬로그램이나 되는 무거운 몸통을 도축장까지 데려가기가 너무 힘들다. 돼지는 일어나 비틀대다가 다시 푹 주저앉는다. 그래도 두 사람이 계속 몰아대자 결국 돼지가 다시 일어난다. 녀석의 눈동자에 무력감이 담겼다.

"쏴요. 걷지 못하잖아요." 내가 말한다.

기사가 마뜩잖은 표정으로 나를 쳐다본다. "무겁다고요. 우리 둘뿐이잖아요."

암돼지는 트럭 구석에 몸을 붙이고 눕는다. 스벤이 장화로 녀석의 가슴을 밟고 총알을 날린다. 돼지는 소리도 내지 않는다. **정말로 제대로 맞혔을까?** 그가 돼지 목을 가르자 피가 스며 나온다. **구멍이 너무 작지 않나?** 암퇘지 눈이 다른 돼지들과 달리 아직 의식이 있는 것 같다. 나는 허리를 굽히고서 반응을 보기 위해 손가락 끝으로 녀석의 점막을 건드린다. 반응이 없다. 허리를 펴다가 스벤과 눈이 마주친다. 그의 눈동자에 분노가 실려 깜짝 놀란다.

"여기서 당신 할 일이 뭐라고 생각하는 거요?"

50일

오늘은 금요일, 수의사 미팅이 있는 날이다. 우리는 오염 확인 방법에 대해 이야기를 나눈다. 곧 유럽 관청에서 점검 나올 예정이다. 우리가 돼지 몸에 묻은 오물을 얼마나 찾아내는지 점검한다고 한다. 그러니 분발해야 할 것이다. 점검을 대비하기 위해 동료 두 명이 선출된다.

"음식에 오물이 묻어서는 안 된다는 것이 기본 규칙입니다." 팀장이 말한다.

기사 카를손이 돼지 200마리를 데려온다. 그 녀석들을 돈방으로 몬 후 그가 내게로 걸어온다.

"귀엽지 않아요?"

"너무 귀여워요."

"너무 겁을 먹어서 그게 문제지만." 그가 말한다.

"어쨌든 녀석들에게 시간을 넉넉히 주고 여유 있게 대해주시는 게 참 보기 좋아요."

"당연히 그래야죠. 사실 여기만 아니면 알아서 가라고 풀어놓을 거예요. 돼지는 호기심이 많은 녀석들이니까요. 하지만 아시다시피 시간이 돈이라서."

꼬리를 물어뜯긴 돼지와 관련된 사항 두 건을 감독 관청에 보고하고 확실히 하기 위해 사진을 첨부한다. 나는 보고서를 인쇄해서 사라에게 서명을 부탁한다.

"잘했네. 하지만 굳이 사진까지 같이 보낼 필요는 없어요. 보고서로 충분해요."

"벌써 첨부했는데요. 삭제 못해요."

다른 동료가 참견한다. "이거 다 공개되는데 사진이 엉뚱하게 사용될 수도 있어요. 기자들이 사건을 물고 늘어지면 골치 아파요."

나는 보고서를 보낸다. 같은 것을 수송업체, 사육시설, 도축장 품질과에도 한 번 더 보낸다. 감독 관청에 보고할 때는 항상 도축장에 복사본을 보내야 한다. 그래야 도축장이 언론사의 문의에 대비할 수가 있다.

○ ○ ○

온몸이 따끔거린다. 헬멧을 쓴 머리, 긴 속옷, 뺨, 이마. 마당을 지나가자니 몸이 납덩이처럼 무겁다. 이번 주에만 1만 5천 마리가 죽었다. 계류장은 비었고 작업장도 쥐죽은 듯 고요하다. 오늘 밤 이곳은 그저 평범한 공장 건물 같다. 서른여섯 시간이 지나면 다시 돼지들이 들어올 것이다.

52일。

일이 손에 익었으니 이제는 대형 도축장뿐 아니라 개인 사업장에도 번갈아 가며 투입된다. 오늘은 규모가 작은 도축장에 배정된다. 티나, 식품검사관 팀, 나, 이렇게 세 사람이 차를 타고 시내를 빠져나간다. 작은 마을들과 교회, 농가들을 지나 45분을 달린 후 팀이 두 동의 건물이 있는 마당으로 차를 꺾어 들어간다. 예전에 카센터였던 것 같은 오른쪽 건물이 우리 사무실이다. 왼쪽 건물에는 계류장, 사무실, 도축작업장이 함께 있다. 모든 것이 작고 다닥다닥 붙어 있다.

나는 티나와 같이 일한다. 티나가 내게 진행 과정을 설명해줄 것이다. 이 도축장은 규모는 작아도 엄청나게 많은 동물을 도축하기 때문에 항상 수의사 한 사람과 식품검사관 한 사람이 현장에 배치된다. 게다가 몇 년 전에 불법 도축이 발각되어서 지금까지도 특별 감시 대상 작업장이다. 오늘부터는 나도 교대 인력으로 투입될 예정이다. 다들 냄새가 지독할 거라며 미리 경고해주었다.

"필요 없어도 껴입어요. 거기서 나오면 죽음의 냄새가 나요."

밖은 기온이 영하이다. 나는 두꺼운 재킷을 입고 몇 문수 큰 장화를 신는다. 머리에는 '식품검사'라고 적힌 파란 모자를 쓴다. 차양은 눌러 납작하고, 원래는 희었을 모자에 붙은 위생모는 때가 끼어 완전 칙칙하다.

티나와 나는 계류장으로 들어간다. 아직 이른 아침이어서 안은 조용하다. 돼지 몇 마리가 잠자고 있고, 한 무리 양이 방 하나에 다닥다닥 붙어 서서 되새김질을 하고 있다. 마침 밖에서 엔진 소리가 들려서 밖으로 나간다. 말을 실은 트럭 한 대가 막 마당으로 들어온다. 10대 소년이 갈색 말을 트럭에서 데리고 내린다. 아이는 소리 죽여 울며 말의 이마를 쓰다듬고 말의 목에 손을 얹는다. 우리는 말의 ID 마킹을 점검하고 말 여권(Horse Passport, EU와 영국 등의 나라에서는 동물 여권에 관한 규정이 발효되어 반려동물의 신원을 보증하고 동물의 건강 상태를 기록해 국제적인 이동을 수월하게 하기 위해 개·고양이·말 등에 여권을 발급한다−옮긴이)에서 도축할 말에 사용해서는 안 되는 약품을 투여한 적이 없는지 살핀다. 직원 하나가 말을 넘겨받아 도축장으로 데려간다. 소년은 조깅 바지를 입고 서서 코가 막혀 숨을 헐떡대며 말을 쳐다본다. 아무도 그를 달래지 않는다. 아무도 말하지 않는다. 그를 데려온 아버지도 아무 말 하지 않는다. 잠시 후 말은 천장에 매달리고 녀석의 피가 욕조로 흘러내린다.

도축작업장은 학교 교실보다 크지 않다. 문을 여니 따뜻한 살

냄새와 기계의 쇳내가 훅 끼쳐온다. 수증기가 방안에 가득해서 안개 속을 걷는 기분이다. 직원 몇이 한참 젖소 가죽을 벗기고 있다. 그들은 고무바지를 입고 두꺼운 모자를 쓰고서 루마니아어로 크게 이야기를 나눈다. 몇백 킬로그램이나 나가는 소가 욕조에 엎어져 있고 직원들이 능숙한 솜씨로 가죽을 벗긴다. 겨드랑이 피부를 벗길 때는 바작바작 소리가 난다. 직원들은 뒷다리를 잡고 소를 끌어올린다. 한 명이 머리를 베기 시작한다. 그가 칼을 가는 동안 힘줄 하나에 매달린 머리가 대롱거린다. 그러다 땅에 털썩 내려앉으면서 한쪽 눈이 먼저 바닥에 떨어진다. 남자는 머리통을 집어 벽에 붙은 갈고리에 매단다. 그 옆으로 다른 소와 말의 머리통들이 주르륵 걸려 있다. 문득 지금껏 내가 숨을 참고 있었다는 사실을 깨닫는다.

나는 조심스레 움직인다. 타일이 피에 젖어 자칫 넘어질 것 같다. 사방에서 소음이 밀려온다. 소의 허벅지 피부에 사슬을 고정시키고 그것을 체인블록(도르래, 톱니바퀴, 사슬 따위를 조합해 무거운 물건을 달아 올릴 수 있도록 한 기계-옮긴이)으로 움직인다. 피부가 서서히 살에서 분리된다. 박피가 끝나자 두 남자는 천장 레일에 매달린 몸통을 더 앞으로 민다. 여기는 자동 컨베이어벨트가 없다. 소의 몸통은 아주 느릿느릿 움직이고 갈고리에 걸려 이리저리 흔들린다.

우리는 오전에 도축한 동물의 내장을 검사한다. 도축 폐기물이 담긴 통과, 이제는 소 대신 암퇘지가 들어 있는 또 하나의 통 사이에 선반이 박혀 있다. 1미터 떨어진 곳에서 한 남자가 도끼로 돼지의 가슴뼈를 부순다. 나는 폐와 심장, 신장과 간, 주둥이를 보려고 그 옆으로 밀고 들어간다. 선반에 내장이 잔뜩 들어 무겁고 커다란 꾸러미가 다닥다닥 걸려 있다. 내용물이 뭐가 뭔지 구분할 수가 없다. 나는 말의 폐를 쓰다듬는다. 기도를 보니 영어 단어 '기관(windpipe, 척추동물의 후두에서 폐에 이르는, 숨 쉴 때 공기가 흐르는 관. 심장 위에서 좌·우의 기관지로 갈라진다-옮긴이)'이 절로 떠오른다. 내장에는 작은 노란 번호로 표시해놓았다. 대기할 일 없는 대기 번호라니. 번호를 붙이는 것도 참 싸구려 방식이다. 우리는 피가 가득한 동물의 큰 심장을 가른다. 그 옆에 딱 붙어 있다가 그만 옷에 피가 튄다. 피가 손목을 타고 옷소매로 들어간다. 안경에 김이 서린다.

도축사들 옆으로 억지로 밀고 들어가면서 나는 사과의 뜻을 담아 미소 짓는다. 옆방은 조명이 더 침침하고 하수와 배설물 냄새가 난다. 고무바지를 입고 고무장갑을 낀 한 남자가 넓은 철제 탁자 앞에 서 있다. 탁자에는 도축한 동물들의 대장, 위장, 방광이 놓여 있다. 우리는 각 동물의 비장을 찾느라 탁자를 마구 뒤적인다. 옆에 놓인 분쇄기는 대장과 그 속에 든 내용물을 함께 갈아 걸쭉한 초록색 죽으로 만들고 있다. 뚜껑이 열린 문 옆 컨테이너엔 양 머리 열다섯 개가 들어 있다.

오후에 예순일곱 마리 암퇘지를 실은 트럭이 도착한다. 돼지들이 비틀비틀 트럭에서 내려온다.

"움직이는 게 영 시원치 않은데요……." 내가 말한다.

"맞아요. 만일 다시 태어난다면 절대로 암퇘지로는 태어나고 싶지 않아요." 티나가 말한다.

돼지 한 마리가 깡말랐고 꼬리도 물어뜯겼다. 또 한 마리는 다리가 퉁퉁 부어서 그 다리를 딛지 않으려고 애쓴다.

"저 돼지는 오늘 도축해야 합니다." 티나가 계류장 직원에게 말한다. 그가 고개를 끄덕인다.

기사는 우리를 향해 다정하게 미소 짓는다. 작업복 호주머니에 전기봉이 삐죽 나와 있다.

방 하나에 양 한 무리가 있다. 아침의 여유는 온데간데없다. 지금은 덜컹거리는 소리, 비명소리 외에도 온갖 소음이 이리로 넘어온다. 숫양 한 마리가 작고 검은 양을 올라타려 한다. 녀석이 울면서 싫다고 저항하며 수컷을 패대기친다. 수컷이 또 한 번 올라타려고 한다. 뿔이 달리고 눈이 찢어진 다른 수컷은 뿔로 바로 옆에 선 양의 옆구리를 찔러대며 연신 공격한다. 관심을 돌리려 해도 소용없다. 다른 양들은 다닥다닥 붙어서 숨을 헐떡인다. 우리는 계류장 직원을 부른다.

"저 녀석이 너무 공격적이어서 딴 곳으로 옮겨야겠어요." 나는 뿔 달린 수컷을 가리키며 말한다.

"5분만요. 5분만." 직원이 말한다.

나는 기다린다. 5분이 지난다. 트럭 한 대가 또 오고 암퇘지들이 내린다. 저 녀석의 뿔 때문에 다른 양들이 다칠까 걱정이 된다.

"저 녀석을 꺼내요." 나는 직원에게 말한다.

그가 한숨을 쉬며 그 수컷의 뿔을 잡고 방에서 끌어내리려고 한다. 수컷이 사납게 몸을 뒤챈다. 결국 한계에 달한 직원이 수컷을 번쩍 들어 올려 다른 방으로 데려가서는 시멘트 사루마냥 바닥에 패대기친다. 혼자 남자 녀석의 절망은 더 심해진다. 녀석이 쉬지 않고 울어대며 방 안을 빙빙 돈다.

10분 후 녀석이 죽었다. 뒷다리만 바르르 떤다.

"내가 멍청했어요. 괜히 더 괴롭혔어요." 내가 티나에게 말한다.

그녀가 슬픈 미소를 지으며 나를 쳐다본다. "누구나 어째야 할지 모를 때가 많아요."

출발 전에 지하로 가서 병든 암퇘지들을 오늘 도축했는지 점검한다. 녀석들은 여전히 돈방에 누워 있다. 꼬리를 뜯긴 깡마른 돼지는 가쁜 숨을 몰아쉰다. 직원이 우리 지시를 못 알아들은 것 같아 나는 다시 한번 같은 지시를 내린다.

30분 후 암퇘지 속을 들여다보니 꼬리에서 등 척추까지 감염이 진행되었다. 늑막은 불그레한 점막으로 변했고 흉강 전체가 종양으로 그득하다. 초록빛이 감도는 누런 고름들로 꽉 찬 수백 개의 총알구멍 같다.

어둠이 내릴 무렵 그곳을 나선다. 팀은 이 일의 최대 장점은 여러 도축장의 사람들을 만나는 것이라고 말한다. 그들 대부분이 애사심에 불타서 일을 잘하고 싶어 한다고 말이다.

"여기보다 더 심한 곳은 없을 거예요." 냄새와 북새통, 소음과 피에 질려 넋 나간 나를 보며 그가 말한다. 차를 큰 도축장에 세운 후 우리는 헤어진다.

입구에서 이반을 만난다. 잔업을 마치고 퇴근하는 길이다. "오늘 동물권 활동가들이 여기 왔었어요. 수송 트럭을 막았어요. 그러더니 방혈 공정에서 뭐가 고장이 나서 한 시간이나 더 일했어요. 리나가 여기 없으면 항상 무슨 일이 벌어져요. 이제 그만 우리한테로 돌아오면 안 돼요?"

우리는 크게 웃고 작별 인사를 나눈다. 나는 어둑한 아스팔트를 지나 도축장으로 들어간다. 꼼꼼하게 샤워하고 비닐봉지에 옷을 넣어 간이 옷장에 집어넣는다. 정말이지 악취가 대단하다.

53일

동료 구닐라가 루치아 아침을 가져왔다. 팀과 나는 작은 도축장으로 가야 해서 동료 한 사람이 우리의 점심 도시락을 만들어준다.

"뭘 싸줄까요?" 그녀가 묻는다.

"빵하고 야채요."

"햄은?"

"아니요."

"베이컨은?"

"아니요. 괜찮아요."

구닐라가 개수대 옆에서 휴대용 버너를 켜고 베이컨을 굽는다. 프라이팬에서 지익 소리가 난다. 내 대답을 듣고서 그녀가 외친다. "베이컨 싫어요? 햄도 싫어요?"

"됐어요. 고맙습니다." 나는 호일로 내 접시를 감고 출발한다.

9시 무렵 우리는 농장에 도착한다. 곧바로 오늘의 첫 트럭이 도착한다. 수소 한 마리를 실은 트럭이다. 나는 녀석이 내리는 것을 보려고 계류장 통로 옆방에 들어간다. 녀석이 식품으로 사용해도 될 만큼 건강한지 확인하는 일이 내 임무다. 수소는 트럭을 걸어나와 적재 사다리를 지난다. 기사는 녀석의 뒤편 비스듬한 곳에 서 있다. 갑자기 소가 걸음을 멈춘다. 그리고 나를 본다. 1초 동안 나를 뚫어져라 보더니 갑자기 날뛰기 시작하여 기사를 벽으로 떠민다. 60대의 마른 남자는 몸집이 작아 보인다. 힘의 관계가 완전히 역전된다.

그가 비명을 지른다. "안 돼. 하지 마."

수소가 남자를 놔주고 다시 트럭으로 달려가는 동안 나는 아무 반응도 하지 못한다.

남자는 몸을 구부려 무릎을 감싸 안는다. "아이고."

"괜찮아요?" 나는 계류장 방의 울타리 뒤편 안전한 장소에서 소리만 지른다.

"네네, 에이 진짜." 그가 충격을 먹고 정신없이 대답한다.

수소는 얼굴에 털이 많고 이마에는 긴 털이 달렸다. 녀석이 눈을 크게 뜨고 트럭에서 노려본다. 숨을 헐떡인다. 가끔씩 발굽으로 바닥을 긁으며 당장이라도 싸울 것처럼 몸을 앞으로 숙인다.

고무바지를 입고 모자를 쓴 도축사들이 달려온다. 투우 경기장처럼 수소의 얼굴에 수건을 던진다. 그래도 소용이 없다. 녀석은 코를 벌름거리며 가만히 서 있다. 도축사들이 트럭 환기구로 녀석을 마구 때리기 시작한다. 녀석이 피하지만 도축사들의 몰이채와 빗자루가 사정없이 녀석을 때린다. 매질을 피하려 소가 움직이는 통에 트럭이 흔들흔들하고 철로 만든 창살이 덜컹거린다.

"시동 좀 끄면 안 돼요? 시간을 좀 주면 소도 안정될 거예요. 그럼 알아서 내려올 거예요." 내가 말한다.

"알았어요." 기사가 시동을 끈다. 도축사들 중에서 유일하게 스웨덴어와 루마니아어를 구사하는 오스카가 동료들에게 통역한다. 그들은 1분을 기다렸다 다시 소를 때리기 시작한다.

한 시간이 지나서야 겨우 수소를 계류장으로 집어넣는다. 소는 구석에 서서 헐떡거리며 사람들을 쏘아보다가 누군가와 눈이 마주치면 바로 바닥을 긁기 시작한다. 모두의 아드레날린이 폭발하고 오스카의 손이 벌벌 떨린다. 도축사들은 축구 경기에 이긴 사람들처럼 하이파이브를 한다.

몇 시간 후 그들은 소를 도살 박스로 유인한 후 웃음을 터트린다. 소는 배수관 사이에 갇혀 도망치려고 버둥거린다. 총이 녀석의 이마를 향하고 한동안 녀석의 동작을 뒤좇다가 총알을 발사한다. 녀석이 풀썩 쓰러진다.

55일.

　작은 도축장 사무실에 네 명의 스웨덴인이 앉아 서류 양식을 채우고 있다. 건너편 도축작업장에선 젊은 루마니아인들이 피와 어둠과 추위와 싸우며 일하고 있다. 공간은 좁고 일은 힘들다. 누군가 그들이 시간당 7유로를 받으며 사장한테 집세를 내고 한 집에서 모여 산다고 알려준다. 껄끄러운 문제이다. 언어 장벽과 빠른 작업 속도 탓에 나는 오스카 말고는 아무와도 대화할 수 없고, 오스카 역시 하루 종일 돼지를 죽이느라 바쁘다.

　여기선 돼지를 기절시키기 위해 이산화탄소 대신 전기를 사용한다. 나도 봐도 되냐고 오스카에게 묻는다. 미심쩍은 표정을 지었지만 그는 나를 벽 뒤편 어두운 방으로 데려간다. 돼지 두 마리가 돌아다니며 그곳에 있는 물건들을 탐색 중이다. 녀석들이 물호스와 전살기(전기로 가축을 기절시키는 도구-옮긴이) 케이블을 씹는다. 한 놈이 관 밑에서 플라스틱이 든 박스를 헤집어 꺼내더니 씹어대기 시작한다. 오스카가 녀석을 슬쩍 민다. 녀석이 탕박기 옆 남자에게로 달려가서 그의 장화를 툭툭 건드린다. 남자는 표정 하나 바뀌지 않는다. 돼지가 방향을 틀어 나한테로 오더니 벽을 따라 걸으며 이것저것을 찾아 파헤치고 코를 쿵쿵댄다. 감히 돼지에게 말 걸 용기가 나지 않아서 나는 가만히 서서 아무 내색도 하지 않으려고 애쓴다.

오스카가 전살기를 가져와서 돼지머리 양쪽에 갖다댄다. 하지만 위치를 잘못 잡아서 전극(전기가 흐르는 곳−옮긴이)이 목에 놓인다. 그런데도 녀석이 쓰러진다. 오스카가 사슬을 한쪽 다리에 묶어서 녀석을 끌어 올린다. 그런 다음 돼지의 반사행동을 검사하기 위해 점막을 만지지만 뭔가 만족스럽지 못한 모양이다. 전기를 사용하는 기절 방식은 뇌전증 발작을 일으켜 동물이 의식을 잃게 하지만 효과는 뇌를 통과하는 전류의 강도에 좌우된다. 전극의 위치가 빗나가면 돼지가 충격으로 몸을 움직일 수는 없어도 의식은 남아 있을 수 있다. 이런 상태는 아주 잠깐만 지속되니 서둘러야 한다. 오스카가 안전을 위해 동료에게 받은 볼트총을 돼지머리에 발사한다. 그리고 돼지 몸을 정확히 통 위쪽으로 옮긴 후 가슴을 칼로 찌른다. 피가 솟구친다.

콸콸 흐르던 피가 방울로 바뀌자 오스카가 천장 레일에 매달린 돼지를 탕박기 쪽으로 민다. 물이 끓는 높다란 탕박기 안에서 수증기가 피어오른다. 그가 버튼을 누르자 돼지가 천천히 통 안으로 들어가고, 완전히 물에 푹 잠기자 김이 솟구친다. 한참 후 그는 다시 돼지를 꺼내서 다음 공정으로 보낸다. 다음 공정은 회전하는 탱크로, 돼지 몸의 털을 제거하는 기계이다. 기계의 검은 내부에서 불꽃이 번쩍인다. 돼지 피부를 불에 그슬리는 것이다.

이제 이 돼지는 하나의 번호와 킬로당 단가로 전락한다.

◦ ◦ ◦

그날 밤 나는 꿈을 꾼다. 부엌에서 소 한 마리를 도축해야 한다. 소는 한쪽 다리를 사슬로 묶어 천장에 매달아 두었다. 소의 얼굴 높이가 내 손과 같다. 나는 손에 칼을 들고 이제 막 귀를 자를 참이다. 옆에서 어떤 남자가 서서 명령을 내린다.

"그렇지, 어서 잘라."

나는 머뭇거리다가 칼로 연골을 자른다. 칼이 톱이라도 되는 듯 천천히. 갑자기 소가 눈을 깜빡이며 눈동자를 움직인다. 소는 버둥대지만 힘이 없어서 머리를 몇 센티미터밖에 움직이지 못한다. 그래서 그냥 진동하는 것 같다.

"살아 있어!"

"아냐, 무의식적 동작이야. 잘라." 남자가 말한다.

그가 나를 채근한다. 나는 자른다. 소가 느끼는 것을 나는 안다. 꿈에서 나는 소가 느끼는 것을 안다. 그래도 자른다.

58일。

"식품을 믿고 먹을 수 있어야 해요. 음식을 먹고 병들면 안 되지요." 카리나가 말한다.

우리는 차를 타고 도계장으로 가면서 서로 어쩌다가 식품검사 일을 하게 됐는지 이야기한다. 그녀는 식품안전에, 나는 동물보호에 열정을 불태운다.

"그게 좋아요. 이 분야에선 별로 할 수 있는 게 없다고 느끼는데 우리 팀은 서로 부족한 점을 채워줘서 좋은 것 같아요."

우리는 차를 꺾어 농가로 들어간다. 최근에 개축한 곳이다. 첫 번째 건물에는 철로 만들어진 노란 벽에 트럭이 들어가기에 충분한 큰 구멍이 하나 나 있다. 그 앞에 짐을 가득 실은 수송 트럭이 한 대 서서 출입 허가를 기다린다. 수천 개의 작은 눈과 부리, 깃털이 밖으로 삐져나와 있다. 바람이 많이 불어서 농장을 가로지르려니 한기가 든다.

우리는 구내식당을 지나간다. 마침 해체 공정 직원들의 휴식 시간이다. 식탁마다 온갖 언어가 뒤섞여 들린다. 수의사 사무실은 위층에 있다. 거기로 가니 항상 아침 근무를 하는 카트린이 앉아 있다. 4시에 일을 시작하는 도축장에 지각하지 않으려면 새벽 2시에 일어나야 한다. 전에 대형 도축장에서도 자주 그녀를 만났는데 매번 낙천적이고 힘이 넘쳐서 놀랐다.

"대체 언제 자요?" 그녀에게 질문을 던지는 순간 나는 얼마 전에도 같은 질문을 한 적 있다는 생각이 든다.

"저녁 먹고 7시에 자요. 할 일도 없고." 그녀가 씩 웃는다. 지금이 오전 10시이니 그녀는 이미 퇴근 시간이다.

전화가 울린다. 수송 트럭 담당 직원이다. 조금 전 밖에서 기다리던 트럭이 안으로 들어왔다. 얼른 밑으로 내려가 동물들을 검사해서 도축작업장으로 보내야 한다. 카리나와 나는 각자 헬멧하나와 계류장에 들어갈 때 입을 가운 한 벌, 제품 구역에 들어갈 때 입을 가운 한 벌씩을 챙긴다.

불빛이 흐린 넓은 홀에서 반입이 진행된다. 수많은 기계가 내는 소음 탓에 소통이 어렵다. 우리 앞쪽에 닭 1만 마리가 4각 플라스틱 상자들에 담겨 있다. 상자는 차곡차곡 쌓아 철로 된 틀에 서랍처럼 밀어 넣어놨다. 지게차 한 대가 상자의 줄을 똑바로 세우고 있다. 기사가 후진할 때마다 지붕에 달린 경광등이 오렌지색으로 반짝이고 경보음이 울린다. 한 남자가 트럭을 세척한다.

우리는 줄을 따라 걸어간다. 상자의 높이는 몇 센티미터밖에 안 되고 옆은 플라스틱 창살로 막은 데다 가장자리까지 닭으로 빼곡하다. 제일 위쪽 상자의 닭들은 키가 높아 보이지도 않는다. 아직 너무 어려서 이제 태어난 지 한 달이나 됐나 모르겠다. 작은 눈이 창살 틈으로 밖을 내다본다. 한창 털갈이 중이라 깃털 사이로 선홍의 맨살이 드러난다. 열린 문으로 바람이 들어와서 추운 것 같다. 몇 마리는 꼼짝도 않고 상자 벽에 딱 붙어 있다. 다른 녀석들은 일어서서 몇 번 제자리걸음을 하다가 다시 눕는다. 제일 가장자리 줄의 닭은 보이지도 않는다. 그저 뒤엉킨 깃털과 눈만 저 뒤편 어둠에서 흐릿하게 보일 뿐이다.

한 마리가 엉덩이로 상자 벽을 민다. 배에는 복막까지 베인 상처가 있다.

"저기 다쳤네요." 내가 말한다.

"그러네……."

"어떻게 할 수 있을까요?"

"저 녀석만 꺼내서 죽이는 건 어려울 거예요. 상자는 반대편으로만 열리기 때문에 다른 녀석들이 겁을 집어먹고 튀어나올 거예요." 카리나가 말한다.

"저기도 못 걷는 녀석이 하나 있어요." 그녀의 말을 못 알아들은 사람처럼 내가 또 한 녀석을 가리킨다. 다리가 서로 다른 방향으로 꺾여서 일어나려고 애는 쓰지만 무거운 가슴 근육 탓에 자꾸만 앞으로 고꾸라진다.

"여기선 집단 차원으로 생각해야 해요. 안타깝지만 우리는 집단의 질병을 살피죠. 아프거나 다친 닭을 한 마리 발견했을 때 직원에게 알릴지 말지는 개인 재량이에요. 하지만 그걸 꺼내기는 힘들어요."

"저 녀석들 먼저 도축하라고 말할 수는 있잖아요." 이런 말을 하는 자신이 순진한 대학생 같다는 생각이 든다.

"좋은 생각이에요. 휴식시간 끝나고 오거든 그렇게 해요."

우리는 계속 줄을 따라 걸어간다. 대부분의 상자 속은 쥐죽은 듯 고요하다. 닭들은 숨을 헐떡대며 눈꺼풀을 움칠거린다. 죽은 닭도 몇 마리 보인다. 한 마리는 날개가 상자 바깥으로 빠져나왔고 다른 녀석은 머리가 빠져나왔다. 갈색 깃털이 몸에 딱 달라붙은 채 죽은 닭 몇 마리가 상자 바닥에 납작하게 눌려 있다. 홀의 한쪽 끝에는 파란색 컨테이너가 있고 그 안에 오늘 아침에 실려 왔으나 폐기된 닭들이 가득하다.

"매일 저기를 잘 살펴야 해요. 한꺼번에 죽은 닭이 너무 많으면 이유를 알아봐야 하거든요. 오늘은 전체적으로 평범하네요. 지금 온 트럭은 닭들이 좋아요. 깨끗하고 건강해 보이네요." 카리나가 말한다.

백여 마리 닭들이 컨테이너 바닥에 놓여 있다. 농업중앙회 지침에 따르면 도계장에 도착한 닭의 폐사율이 1퍼센트를 넘으면 수의직 공무원은 지역 정부에 신고해야 한다. 다른 도계장을 갔을 때는 트럭 한 대에 1만 마리가 실려왔는데 환기시설이 제대로 작동하지 않아서 오는 도중에 거의 모든 닭이 질식해 죽어 있었다. 그에 비하여 오늘은 흠잡을 것이 없다.

지게차는 검사가 끝난 상자를 바닥에서 2미터 높이의 단으로 올린다. 그리고 급경사의 컨베이어벨트로 상자를 엎자 상자가 열리면서 닭들이 파닥파닥 삐약삐약 굴러 나온다. 고무커튼을 지나면 도축이 시작된다.

우리는 커튼 너머로 걸어간다. 푸른색 조명은 진정 효과가 있다고 한다. 컨베이어벨트엔 닭들이 가득하다. 이리저리 뒤엉켜 누워 있고 앉아 있고 서 있는 녀석들, 심지어 포개진 녀석들도 있다. 컨베이어벨트는 빠르게 앞으로 움직이다가 꺾이며 구부러진다. 그 위로 걸이(막대 끝에 뾰족한 쇠꼬챙이를 굽혀서 매단 고기잡이 기구-옮긴이)가 붙은 금속 레일이 지나간다. 직원 넷이 거기에 서서 한 마리씩 닭의 다리를 집어 뒤집고 걸이에 끼운다. 한 사람이 하루에 8천 마리를 처리한다. 그 모습을 처음 본 동료가 했던 말이 떠오른다. **"너무 힘을 주다가 다리가 부러지거나 빠지 않게 조심해야 해. 하지만 딴 일은 안 하고 그 일만 하니 다들 솜씨가 좋아."** 쉬지 않고 닭을 담은 상자를 부어대느라 컨베이어벨트는 항상 만원이다. 한 녀석이 바닥으로 떨어진다. 녀석은 거기 가만히 서 있다. 몇 분 후 직원 한 명이 허리를 굽혀 녀석의 다리를 잡더니 걸이에 매단다. 직원들은 컨베이어벨트의 기계 부품인 양 무표정한 얼굴과 똑같은 속도로 일한다.

평균보다 덩치가 작은 닭 두 마리가 컨베이어벨트 옆 도마 위 작은 상자에 들어가 있다. 옆에는 죽은 닭들로 그득한 외발 손수레가 놓여 있다. 가끔 직원들은 수송 중에 죽었거나 하역을 기다리다가 죽은 닭을 그 안에 던져 넣는다. 한 직원이 작은 닭 한 마리의 다리를 잡아 녀석의 머리를 도마에 세게 찧는다. 그러고는 목을 돌려 수레로 집어 던진다. 남은 녀석도 똑같이 한다. 두 마리는 사체 무더기 제일 위에 누워 버둥거린다.

"죽은 후에도 움직여요. 알았어요?" 내 반응을 예상했는지 카리나가 미리 말한다.

"네, 하지만 죽었는지 살았는지 어떻게 구분해요?"

"멀리서 보면 힘들죠. 한나는 수레에서 산 놈을 발견한 적도 있어요."

우리가 직원들에게 고개를 끄덕여 인사하자 그들도 급히 고갯짓으로 화답한다. 닭들은 레일에 거꾸로 매달린 채 위를 향해 천장까지 올라가서 계속 앞으로 나아간다. 퍼덕대는 놈들도 있지만 대부분 가만히 있다. 모두가 이게 무슨 일인지 알고 싶은 듯이 눈을 크게 뜨고 목을 길게 뺀다. 나는 귀마개를 옆으로 밀고서 닭들이 다시 아래로 향하는 지점에 가서 선다. 바닥에서 1미터쯤 되는 높이에 큰 물통이 있고 거기로 닭이 빠지면 감전돼서 기절한다. 물통은 폭이 몇 센티미터이고 양쪽으로 금속 벽이 붙어 있다. 그 사이로 걸이가 달린 레일이 지나가는 것이다. 나는 레일에 매달린 닭들과 부딪치지 않으려고 고개를 숙인다. 닭들이 물통에 빠진다. 물에 흐르는 전류량은 옆에 달린 모니터에 표시된다. 나는 거기에 한참 동안 서서 바라본다. 머리보다 날개가 먼저 닿는 닭들도 있다. 움칠하며 삐약삐약 울던 녀석들의 머리가 수면 아래로 사라진다.

닭이 기절하면 머리는 자동으로 스테인리스 강철로 만든 두 개의 좁은 막대 사이로 지나간다. 속도가 어찌나 빠른지 제대로 기절했는지 살필 틈이 없다. 기절 후 몇 초 만에 닭은 회전 날을 통과하고, 그것이 닭의 머리를 자른다.

한 남자가 기계 옆에 서서 욕을 퍼붓는다. 최근에 교체한 날이 제대로 들지 않는지 땅에 떨어져야 할 머리통이 칼 밑에 낀다. 덕분에 그는 온종일 거기 서서 삽으로 그 머리를 걷어내고 다시 수레에 퍼 담아야 한다. 안 그러면 칼날 부근에 머리가 산더미처럼 쌓여서 기다리는 닭들이 올 수 없을 테니까.

"하루 종일 이 짓을 하고 있어요." 그가 피범벅이 된 머리통을 끄집어내며 화난 얼굴로 우리에게 말한다. 수레가 가득 차자 그는 얼른 달려가 비우고 돌아와 다시 하던 일을 한다.

자동 칼 뒤편에 또 한 남자가 의자에 앉아서 머리가 잘 잘렸는지 점검한다.

"방혈이 완전히 안 되는 경우가 있었어요. 그래서 혈관을 자르지 말고 머리를 자르자고 결정했죠. 그게 더 안전하니까." 카리나가 설명한다.

머리를 잃은 몸통들이 다음 공정으로 향한다.

그곳은 불이 환하고 모든 공정이 전자동이다. 공간을 최대한 활용하기 위해 설치한 천장의 금속 레일이 구불구불 흘러간다. 일단 몸통을 다시 물에 담근다. 이번에는 피가 섞인 펄펄 끓는 물이다. 모공을 열어 깃털을 쉽게 뽑기 위해서이다. 몸통은 회전판이 돌아가는 기계를 지나간다. 깃털이 사방으로 날려 커다란 플라스틱 덮개로 덮어 놓았다. 들쩍지근하고 뜨끈한 공기가 왈칵 밀려온다. 닭똥 냄새, 화학약품 냄새, 썩어가는 사체의 냄새이다. 구역질이 난다. 어지러워서 카리나가 하는 말이 들리지 않는다.

"조금 있다가 이야기해요." 나는 그녀에게 소리치며 어서 가자는 신호를 보낸다. 그녀의 말을 들으려면 걸음을 멈춰야 하는데 그랬다가는 분명 토할 테니까.

깃털이 제거되면 닭은 전기로 충격을 줘서 심장과 근육을 수축시키는 두 번의 공정을 거친다. 최대한 피를 많이 빼내 고기를 희게 만들기 위해서이다.

이제 우리는 컨베이어벨트 밑으로 지나가야 한다. 사방이 닭이다. 몸통에서 피와 물이 떨어진다. 피한다고 피하는데도 우리 목에도 떨어진다. 안경에도 떨어져 움칠한다. 다음 공정은 항문을 제거하고 배를 가르고 다리를 자른다. 이렇게 하여 닭의 겉모양은 완전히 가공을 끝낸다. 이제는 내장을 덜어내어 몸통 옆 갈고리에 건다. 그 갈고리가 나란히 몸통을 쫓아간다.

우리는 몇 개의 공정을 건너뛴다. 세 명의 직원이 검사대에 서서 지나가는 몸통을 살핀다. 가끔 하나를 집어들고 갈고리에 걸린 내장을 뜯어내서 뒤편의 수레에 집어 던진다. 이들은 회사가 고용한 식품검사원이다. 돼지나 소 도축장과 달리 도계장에선 자체 인력을 고용하여 도축 후 닭의 위생 상태와 건강 상태를 검사할 수 있다. 감독 관청에서 파견한 수의사는 그들의 진단이 올바른지를 임의로 뽑아 다시 검사한다. 우리는 잠시 직원들 뒤에 서서 그들을 지켜본다. 머리가 잘리고 털이 뽑힌 채 우리 곁을 지나가는 똑같이 생긴 몸통밖에 안 보인다. 검사원들이 모니터에 복수증, 골절, 모이주머니 폐색 등으로 폐기한 닭의 숫자를 기입한다.

휴식시간이다. 세 명이 사라진다.

"흡연 타임이에요." 한 명이 웃으며 말한다.

카리나가 수레에서 머리 몇 개를 집어 벽에 붙은 철제 탁자에 올려놓는다. 갈고리에 칼이 걸려 있다. 그녀는 내게 닭을 어떻게 해부하는지 보여준다.

목의 피부에 구멍을 내서 피부를 벗긴다. 그리고 늑골을 따라 양쪽을 가르고 흉근을 들어 올리면 흉강과 복강이 보인다. 흉골을 부러뜨리려면 제대로 힘을 써야 한다. 그래야 폐와 심장을 꺼낼 수 있다. 우리가 검사한 닭들은 흉골에 물이 차 있다. 너무 빨리 성장하기 때문이다. 탁자가 젖은 탓에 닭들이 자꾸만 미끄러지고, 나는 딱 달라붙은 라텍스 장갑 탓에 일이 서툴다. 열 마리의 검사를 마치고 우리 결과와 검사원들의 결과를 비교한 뒤 모든 일이 끝난다.

우리는 왔던 길로 되돌아간다. 바닥엔 닭 심장으로 가득 찬 상자들이 잔뜩 놓여 있다. 상자 크기가 몇 센티미터에 불과하다. 탁자 하나에는 닭발들이 놓여 있다. 짚이 더러워서 닭의 발에 상처가 났는지를 검사할 때 여기서 시료를 채취한다.

카리나와 나는 장갑과 손목 보호대를 벗고, 비닐가운과 외투도 벗는다. 건물을 나가기 전 세 군데에서 손을 씻는다. 밖으로 나온 나는 다시 숨을 크게 쉰다.

"점심 먹을까요?" 카리나가 제안한다.

우리는 위층 사무실로 올라간다. 나는 호일로 포장한 샌드위치를 꺼낸다. 여기서 캄필로박터균(닭의 장에 특히 많은 식중독균-옮긴이)에 감염된 사람이 많아서 우리는 빵을 손으로 잡지 않는다. 카리나가 가져온 크리스마스 음식을 꺼낸다. 우리는 아무 말 없이 먹는다.

오후에 돌아가는 차 안에서 카리나가 묻는다. "오늘 어땠어요? 충격적이었어요?"

"예상하고 있었어요. 하지만 동물보호 시각에서 보니 문제가 많네요. 감염 예방을 집단 차원에 생각하는 건 이해되지만 한 마리 한 마리를 챙기는 건 어떻게 할지……. 모든 개체가 소중하니까요. 동물도 감정이 있어요. 유럽연합은 이미 2004년에 전기수조 기절법을 서서히 중지해야 한다고 선언했어요.(동물도축세부규정에 따르면 2021년 현재 우리나라는 전기수조 기절법을 유지하고 있다-옮긴이) 아시죠?"

"문제가 있다는 건 동의해요. 거꾸로 매달릴 때 어떤 기분일지 그것부터가 의문이거든요." 카리나가 말한다.

누군가 나의 고민을 업신여기거나 무시하지 않고 반발하지도 않으니 참 좋다. 그리고 이렇게 말해주니 참 좋다. "그건 그래요. 그건 문제예요. 하지만 우리가 풀지는 못하는 문제죠."

59일。

크리스마스가 지나갔다. 며칠 쉬고 나서 나는 다시 대형 도축장으로 출근한다. 며칠 안 봤다고 냄새와 광경이 새삼 충격으로 와닿는다. 시간을 보내려고 나는 인트라넷에 올라온 모든 소식을 읽는다. 국립식품청장이 직원에게 보낸 편지를 읽고, 사무소가 웁살라로 이사했으며 성녀 루치아 축일(12월 31일, 성녀 루치아를 기념하는 축제일이다-옮긴이) 행렬을 마쳤고 노를란드에 새 직원이 들어왔다는 소식도 읽는다. 재킷이 무거워 어깨가 아프고 추위가 뼈로 파고든다. 긴 속바지를 깜빡 잊고 집에 두고 왔다.

처음 본 기사가 돼지 250마리를 싣고 온다. 그가 돼지들을 때린다. 나는 아무 말도 하지 않지만, 꾹 눌러 참은 그의 불만과 거의 자동적인 그의 동작을 못 느끼는 것은 아니다. 그가 돼지 두 마리의 얼굴을 세게 때리자 더는 참을 수 없다.

"천천히 하세요. 얼굴까지 때릴 필요는 없잖아요."

"뭐요?" 내 말을 들었으면서 그가 되묻고는 나를 빤히 쳐다본다.

"얼굴까지 때릴 필요는 없다고 말했어요."

그가 다가와 허리를 굽히고 나를 내려다본다. 금방이라도 달려

들 기세다. "이건 너무 오버지." 그가 말을 뱉는다.

"무슨 말이에요?"

"너무 오버지. 더는 못 참겠어. 아, 됐어요."

"얼굴을 때릴 필요까지는 없다고 말씀드렸어요. 가고 있었잖아요. 겁이 나서 가다가 멈춘 거라고요." 나는 몰이통로에 서 있는 로베르트를 가리키며 말한다. "앞에 있는 애들이 안 가는데 맨 뒤에 있는 애들을 때려봤자 무슨 소용이에요." 그의 분노가 파도처럼 내 몸을 덮치는 바람에 무릎이 후들거린다. 자세를 흐트러뜨리지 않고 목소리를 떨지 않으려고 나는 바짝 긴장한다.

"됐다고 했잖아요." 내가 얼토당토않은 말을 했다는 듯 그가 또 한 번 됐다고 못을 박는다. "때리지 않아! 안 때린다고! 내가 때려요? 난 때리지 않았어요."

나는 뭐라고 대답해야 할지 당황스럽다. 옆에 서서 다 봤다. 하지만 여기선 폭력의 정의가 다르다. 매질은 수단이 아니라 목적이다.

그가 말을 멈추지 않는다. "당신네들 너무 오버야. 당신네들이 여기서 하는 짓은 완전 말도 안 된다고. 아무것도 모르면서."

"뭐가 그렇게 말도 안 돼요?" 내가 묻는다.

"20년 전에도 이 일을 했소?"

"아니요."

"바로 그거야. 세상이 완전히 바뀌었다니까. 아무리 그래도 너무 나갔지. 당신이 여기서 날 가르치려 들 수는 없는 거야."

"하지만 정해진 지침이란 게 있어요."

"물론 있지. 그건 좋아. 하지만 합리적인 틀을 벗어나지는 말아야지."

나는 그의 화를 누그러뜨리기 위해 그를 이해한다고 말한다. "법 조항을 꼬치꼬치 따질 필요는 없겠지만 그래도 우리도 우리 일을 해야 하니까요."

"물론 해야지. 하지만 너무 나갔어. 지나쳐."

우리는 한참 이야기를 주고받는다. 그의 사정을 이해한다고 말할 때마다 그의 기분이 조금씩 누그러진다. 하지만 나는 그가 돼지의 사정을 너무 안 봐주는 것 같다고도 말한다.

"기분 푸세요. 마음 상하지 않았죠?" 그가 트럭 짐칸 문을 닫을 때 내가 묻는다. 왜 내가 빌어야 하지? 얄궂은 기분이다. 형식적으로는 지시를 내릴 권한이 있지만 사실상 아무것도 아니라는 느낌이다.

"아니요, 아냐. 괜찮아요." 그가 마지못해 웃으며 차를 출발시킨다.

작업장 안으로 들어오니 갈비뼈가 부러진 돼지들이 차례로 검사대로 밀려온다. 다 같은 농장에서 온 돼지들이다. 총 열다섯 두이다.

"이 농장은 이번이 처음이 아니에요." 도축사 한 사람이 말한다. "그때는 그곳 직원이 자기가 돼지를 때렸다고 실토했어요. 그래서 해고당했죠."

골절이 언제 생겼는지 알아내기는 힘들다. 우리는 부티나에서 의식을 잃고 쓰러질 때 골절이 생길 수 있는지 토론을 벌인다. 나는 갈비뼈 몇 개를 분석 의뢰한다. 골다공증 징후가 있는지 보기 위해서이다. 그리고 감독 관청에 보고를 한다.

버스를 타고 집으로 오는 길에 스마트폰이 울린다. 나는 받지 않는다. 너무 피곤해 말도 하기 싫다. 이 일은 나를 병들게 한다. 그저 일만 할 뿐 결과를 생각하지 않는 사람들을 너무 많이 본다. 나의 일부는 이곳을 떠나고 싶다. 사표를 내는 상상을 수없이 한다. 하지만 다른 일부는 여기서 그만둘 수 없다고 말한다. 돼지들이 있으니 나도 여기 있어야 한다고.

60일
○

　출입카드를 읽히고 마당을 지난다. 깜깜하다. 오늘 뉴스를 보니 가게마다 크리스마스용 햄이 많이 남았다고 한다. 그중 일부는 무료로 나누어준다고 말이다.

　오후에 사라와 교대하러 계류장으로 내려가니 암돼지 한 마리가 쉬지 않고 비명을 지른다. 소리 나는 곳으로 따라가본다. 오늘은 로베르트와 파울이 암돼지 담당인데 화가 단단히 났다. 두 사람은 녀석을 좁은 부티나로 몬다. 또 다른 돼지 한 마리는 이미 부티나에 들어갔는데 이 녀석이 말썽이다. 두 사람은 몰이채로 녀석의 등과 벽을 후려갈긴다. 잠시 후 뒷발만 빼고 암돼지의 몸통이 부티나로 들어간다. 두 사람이 녀석을 계속 몰아댄다. 한참을 몰다 보니 암돼지가 벽과 다른 암돼지 사이에 끼어서 앞으로 갈 수도 뒤로 물러날 수도 없는 상태라는 것을 깨닫는다. 녀석이 어찌어찌 겨우 빠져나온다. 두 남자가 출구를 가로막자 암돼지는 하는 수없이 곤돌라 칸 안으로 걸음을 옮긴다. 이제 두 녀석이 부티나 안에 꽉 끼어 서 있다.

　즉흥적으로 부티나 안을 들여다보자고 결심한다. 시간이 걸렸지만 한 번쯤은 마쳐 과정을 내 눈으로 직접 보고 싶다. 이산화탄소를 들이마시면 고통스럽다는 것은 알고 있다. 점막(위창자관, 기도와 같은 대롱 모양 구조의 속 공간을 덮고 있는 부드럽고 끈끈한 막을 통틀어 이르는 말-옮긴이)이 손상되고 질식 과정이 공포를 유발한다. 거기 서서 그 과정을 바라보는 것이 내 일은 아니다. 더구나 이곳은 우연히 지나다 들를 수 있는 장소가 아니다. 일부러 창살을 밀치고 들어가 두껍고 검은 고무커튼을 들춰야 한다. 동료들한테 물어봤더니 아무도 안을 들여다본 사람이 없었다. 여기서 20년 근무한 동료 역시 한 번도 본 적 없다고 했다.

문이 닫히고 나는 커튼을 들춘다. 곤돌라가 아래로 내려가다가 몇 미터 깊이에서 멈춘다. 나는 곤돌라 위에 서서 옆과 위에 창살을 두른 철통에 갇힌 암돼지들을 본다. 의외로 거리가 가깝다. 이산화탄소 가스실은 가스로 가득하고 돼지들은 불안을 느끼기 시작한다. 먼저 잠시 냄새를 맡는가 싶더니 비명이 따라온다. 암돼지 비명을 들어본 적 있는 사람은 알 것이다. 녀석들의 목소리가 정말 크다는 것을 말이다. 녀석들이 싸울 때, 앞으로 안 가려고 할 때, 다른 돼지 등에 올라타거나 불안할 때 녀석들이 지르는 비명 소리를 나는 매일 듣는다. 하지만 이건 완전히 다르다. 이곳의 소리는 울부짖음이다. 녀석들이 이리저리 몸을 뒤채며 빠져나가려고, 숨 쉬려고 안간힘을 쓴다. 곤돌라 전체가 흔들거린다. 비명 소리가 허공을 가르는 동안 녀석들이 풀쩍 뛰다가 달려 나가려

다가 몸으로 벽을 때린다. 그러다 풀썩 쓰러진다. 다리를 아무렇게나 뻗고서 거기 누워 숨을 헐떡댄다. 주둥이를 위로, 내게로 향한 채. 갈비뼈가 급하게 오르락내리락 한다. 몇 초 조용하자 나는 그게 끝이라고 생각한다. 하지만 그러다 다시 울부짖음이 시작된다. 그리고 또 한 번. 절망에 찬 마지막 한 번의 꽥 소리를 끝으로 녀석들의 목소리가 사라진다.

사방이 고요하다. 이 순간은 인생을 이전과 이후로 가르는 그런 중차대한 순간들 중 하나이다. 얼마나 시간이 흘렀는지 모르겠다. 로베르트가 나를 옆으로 툭 민다.

"리나, 정신 차려요."

내가 길을 막고 있다. 곤돌라 칸이 다시 위로 올라왔으므로 암퇘지들을 빼내 고무커튼 뒤로 던져야 한다.

나는 옆에 선 사라를 쳐다본다. 우리는 마주 보며 숨을 들이킨다. 내 눈에 눈물이 고인다. 그녀는 안을 들여다보지 않았지만 소리는 다 들었다. 무슨 일이 일어날지 알았지만 눈앞에 펼쳐진 광경에 나는 완전히 넋을 잃었다. 그 정도로 강렬하고 고통스러운 사투에.

우리는 밖으로 나간다. 로베르트와 파울이 암퇘지들의 다리를 매달고 목을 칼로 찌른다. 두 사람은 이제 다른 장화로 갈아 신고 돼지들을 따라 작업장으로 갈 것이다.

"이건 아닌 것 같아요." 나는 겨우 이 말을 뱉어낸다

"그래요, 이건 아니에요." 사라가 말한다.

일해야 한다. 우리는 헤어진다. 나는 화장실로 달려간다. 구토가 치밀지만 입에서 나오는 것은 없다. 거울에 비친 나를 본다. 그리고 다시 위층 도축작업장으로 가서 교대한다. 무기력한 비현실감이 나를 덮친다.

동물보호를 외치면서도 우리는 쉼 없이 그런 짓을 한다. 바닥이 젖었다고, 동물들이 울타리에 부딪혀 다칠 수도 있다고 보고서를 쓰면서 우리는 연신 그런 짓을 한다. 새삼 새로울 것은 하나도 없다. 하지만 가까이서 보면 알던 지식이 살아 움직인다. 그 모든 동물보호 아이디어들이 다 연극인 것만 같다. 녀석들에게서 모든 것을 빼앗고도 살기 위해 우리가 연출한 연극 말이다.

겉만 보면 이곳은 모든 것이 정말로 그럴싸하다. 표준화된 작업 공정, 활발한 소통. 동물보호와 품질안전을 책임지는 책임자도 한 명씩 있다. 단속과 검사도 시행된다. 동물과 접촉하는 모든 사람이 전문 자격증을 갖고 있다. 파란 헬멧을 쓴 수의사 몇 사람이 매일 상황을 감독한다. 하지만 우리가 말하지 않는 그 모든 것은 어찌할 것인가?

죽기 전의 고통만이 문제가 아니다. 우리에겐 동물의 감정과 바람과 생명이 아무런 의미도 없다. 우리에게 중요한 것은 그저 우리 자신과 다른 사람들에게 들려줄 스토리다.

퇴근하기 전 산드라에게 가서 오늘 보았던 내용을 들려준다.

"그건 동물학대에요. 하지만 따지고 보면 우리 모두 알고 있는 사실이지요."

산드라가 무거운 표정으로 나를 꼭 안아준다.

집으로 가는 버스에서 나는 멍하니 앞만 쳐다본다. 그 장면이 쉬지 않고 되풀이되어 나는 녀석들의 눈을 보고 녀석들이 울부짖는 소리를 듣는다. 살기 위해 사투를 벌이는 누군가의 눈빛을 마주한다. 녀석들을 밀어 넣고 가스실의 문을 닫는 이가 우리라는 것을 나는 안다.

내 영혼이 물에 빠져 죽은 기분이다.

61일

새해가 밝고 며칠 휴가를 낸다. 몸이 아프다. 나는 침대에 누워 이 생각 저 생각에 빠진다. 불안은 한 지점으로 집중된다. 가스실의 돼지들에게로. 녀석들의 뒤집히던 눈동자. 생각을 멈출수가 없다. 녀석들이 억지로 그곳으로 밀려 들어가는 광경을 나는 얼마나 자주 보았던가. 나는 얼마나 자주 서명하여 그러라고 허락했던가.

크리스마스를 몇 주 앞두고 언론에서 이산화탄소 마취법을 두고 토론이 벌어졌다. 스웨덴 농학대학 학자들이 돼지 도축장 부티나 내부를 찍은 영상을 공개했다. 사람들은 충격에 빠졌지만 중앙농업국의 동물보호 담당자는 TV에 나와서 이산화탄소 마취법이 "육가공업에서는 가장 경제적인 방법이며 또한 돼지들이 가장 적게 고통받는 방법"이라고 주장했다. "돼지의 경우 이 방법의 효과가 입증되었고 우리는 앞으로도 계속 이 방법을 사용해야 할 것"이라고 말이다. 중앙농업국의 프로젝트 매니저 역시 모든 마취 방법에는 장단점이 있는데 이산화탄소 마취법이 그나마 나은 방법 중 하나이며 자신은 스웨덴에서 생산된 햄은 양심의 가책 없이 먹는다고 말했다.

그것이 동물이 가장 고통을 적게 받는 방법이며, 우리가 가진 최고의 방법이라면 "세계 최고 수준의 동물보호"라고 자찬하지 않을 이유가 어디 있단 말인가?

한번은 토론 도중 어떤 사람이 도축장엔 수의직 공무원들이 있어서 비상시 도축을 중단할 수 있으니 안심하라고 설명한다. 나는 동물보호법령의 해당 조항을 안다. 하지만 나는 살아 있는 증거가 아니다. 그 조항을 아는 모든 사람이 사실은 그것이 가짜 약속이란 것을 잘 안다. 도축장의 핵심 사업이자 법이 명백히 허락한 사안을 핑계로 우리가 감히 어떻게 도축을 중지할 수 있단 말인가?

스웨덴 농학대학에서 실시한 연구 결과를 보면 돼지가 부티나로 들어가서 처음으로 불쾌감을 느끼는 순간부터 의식을 잃을 때까지 평균 2분 7초가 걸린다고 한다. 나는 돼지가 이산화탄소에 어떻게 반응하는지를 영상으로 찍은 후에 작성한 그들의 보고서를 읽는다. 이상하게도 그것을 읽는데 마음이 편안하다. 불행한 사랑에 빠졌을 때 유행가 가사가 아픈 마음을 어루만져줄 수 있듯이.

이 영상에서 우리는 돼지가 고개를 쳐들고 목을 빼고 코를 위로 향하며 주둥이를 벌리고 위로 뛰어오르며 공격적인 동작으로 버둥거리는 모습을 본다. 아마 숨을 쉬려는 행동일 것이다. 대부

분 눈은 크게 뜨고 눈의 흰자가 드러난다.(겁먹었다는 증거일 것이다.) 이런 행동방식은 동물의 생존본능이 최대로 활성화되었음을 말해주며, 그것이 아마도 최대의 불안과 공포를 불러일으켜 생존의 노력을 일깨웠을 것이다.

최대의 불안과 공포.
그렇다. 바로 그것을 나는 보았다.

마음 저 깊은 곳에서는 사표를 던져야 한다는 목소리가 들린다. 하지만 같은 이유로 반발심이 인다. 실패했다는 기분, 어리석다는 기분, 그래, 배신감이다. 내가 남는다면 이 동물들을 위한 긍정적인 변화를 일으킬 수 있을까? 이 질문에 아무 대답도 할 수 없다는 것을 나는 잘 안다. 내가 정서적으로 너무 혼란스럽다는 것도 안다. 좀 떨어져 생각할 필요가 있다. 향후 몇 달의 업무 계획표를 보면 나는 큰 도축장과 시골의 작은 도축장에 번갈아가며 투입될 것이다. 나는 거기서 무엇을 이루어야 하는가? 내 업무는 너무 미미하고 나의 기여 역시 너무 미미하다. 내가 할 수 있는 것은 아무것도 없다.

남자친구는 계속해서 날 설득한다. "그냥 사표 써, 뭘 더 기대해? 그런 식으로 계속 일할 순 없어."

62일

도축작업장에 서 있으려니 회사에서 새로 고용한 책임 수의사가 다가와 말을 건다. 그녀는 이름이 헬레나이고 눈빛이 초롱초롱하다. 말이 무척이나 빠른데, 오늘이 첫 출근이며 자신은 식품안전과 동물보호를 동시에 담당한다고 설명한다. 그러니까 도축장과 국립식품청을 연결하는 다리 역할인 셈이다.

"방금 전에 계류장에 가서 몰이하는 걸 봤어요. 괜찮던데요." 그녀가 말한다.

"그렇게 생각해요? 저는 제일 지켜보기가 힘든 일인데요. 애들을 너무 막 대해요. 너무 많이 때려요." 내가 반박한다.

"그건 나도 안 그랬으면 좋겠어요. 하지만 힘들죠. 건물 구조가 최적은 아니니까요." 그녀가 미소 지으며 나를 탐색하듯 바라본다. "나도 그쪽처럼 국립식품청에서 일했어요. 여기선 80년대에 일했고요. 그땐 내가 두 번 다시 이 도축장에 발을 들여놓으면 성을 간다고 맹세했었죠."

"그런데 다시 오셨네요." 내가 말한다.

"그렇죠. 그새 많은 일이 있었어요. 그당시에 내가 도축장 측에다 도축장이 직접 책임수의사를 고용할 필요가 있다는 의견을 제시했었거든요."

그녀가 가고 나는 싸우는 돼지 몇 마리를 관찰한다. 방혈 공정의 한 직원이 녀석들을 데려가려고 온다. 그가 돈방 문을 열고 녀석들 사이를 비집고 들어가서 몰이채로 녀석들의 등과 벽을 세게 때린다. 표정이 굳었고 귀에는 귀마개를 했다.

"몰이채 사용을 좀 자제합시다." 그가 나를 바라보는 순간 내가 말한다.

"뭐요?" 그가 대뜸 화부터 낸다. "내가 언제?"

"지금요. 방금 전에요." 내가 대답한다.

그는 대꾸하지 않는다. 말없이 나를 노려보며 씩씩대다가 간다.

하루 종일 사표 쓸 생각을 하지만 뭔가가 나를 붙든다. 이 회전목마를 함께 타고 도는 것이 동물들을 배신하는 것만 같지만, 사표를 던지는 것 또한 배신 같다.

나의 세계는 온통 내가 대체 여기서 무엇을 할 수 있을까 그 질문 하나로 쪼그라들었다.

점심을 데우고 있는데 갑자기 팀장이 옆에 와서 선다.

"잘 돼가요?"

갑자기 그 질문이 나를 덮친다. 그리고 모든 고민이 사라진다. "드릴 말씀이 있어요. 저 그만두려고요."

"네? 아니…… 이런. 이리 와요." 그가 말한다.

우리는 마주 앉는다.

"이유가 뭐예요?"

"동료들은 나무랄 데가 없어요. 다만 제 업무가. 이런 일을 하기엔 제가 너무 예민한 것 같고…… 제가 뭐 대단한 일을 할 수 있을 것 같지도 않고요. 동물보호 때문에 이 일을 시작했거든요."

우리는 한참 동안 이야기를 나눈다. 그는 내 말을 귀 기울여 들어주고 친절과 이해심을 잃지 않는다. 대체 인력을 찾기가 힘들 것이다. 내가 입사한 지가 겨우 석 달 반밖에 안 되었으니. 하지만 그는 비난하지 않는다.

"다른 영업장으로 더 자주 나가면 더 있을 수 있지 않을까요?

"아니요……. 여기가 더 나아요. 여기선 그래도 도축사들하고도 잘 지내고 이야기도 할 수 있거든요." 나는 도계장을 떠올린다. 거기는 두 번 다시 가고 싶지 않다.

나는 계류장 사무실에서 보았던 작은 검은 노트 이야기를 꺼낸다. 동물보호의무 위반 사항을 적어 두었던 그 노트 말이다. "희망이 없어 보여요. 7년 전에 적은 내용이잖아요. 그때도 지금이랑 똑같았어요." 내가 말한다.

나는 무의미하다는 기분을 쫓으려 애쓴다. 그리고 혹시라도 동료들의 노력을 폄하하지는 않을까 조심한다. 수많은 사람이, 특히 팀장님은 변화를 위해 꾸준히 매진하였고 적지 않은 변화를 일구어냈다. 그것을 모르는 바가 아니다. 예전엔 상황이 훨씬 열악했다고 많은 이가 확인해줬다. 지금보다 더 많은 돼지를 몰았고 때리고 밟았다. 위생 상태도 더 안 좋았고 꼬리가 뜯긴 돼지도 더 많았다. 벵크트는 이런 이야기도 들려주었다. 살굴이 탈장된 돼지 한 마리가 실려왔는데 자기 몸에서 빠져나온 장을 자기 발로 밟고 다녔다고. 실제 지옥에도 여러 단계가 있는 법이다.

"맞아요. 예전에는 그랬죠. 위반 사항이 있으면 기록만 하고 더 이상 추적하지 않았죠. 하지만 동물보호는 특히나 어려운 분야입니다. 내 생각엔 우리가 여기서 감독하지 않으면 더 나빠질 것이고…… 우리가 꼭 여기 **있어야 해요.**"

팀장과 헤어지고 나니 마음이 좋지는 않지만 결정을 내려서 마음은 가볍다. 사직서 수리 기간은 한 달이다. 바깥으로 시선을 돌리면 모든 것이 이대로 계속될 것이라는 깨달음에 숨이 막힌다. 이것이 마침표는 아니다. 다만 더 이상은 묵시하지 않아도 될 것이다.

67일

땅에 얇게 눈이 덮였다. 오늘은 마르타와 함께 주변의 작은 도축장 세 곳을 다녀야 한다. 우리는 자동차 유리창에서 눈을 긁어 낸다. 마음씨 곱고 말이 많은 마르타는 안 좋아할 수 없는 사람이다. 그녀는 벌써 20년 넘게 이 일을 하고 있다.

"가스실 안을 들여다봤어요?" 차를 타고 가면서 내가 묻는다. 계속 같은 이야기만 하는 것 같아 미안하지만 그래도 안 하고 넘어갈 수가 없다.

"아니요." 그녀가 대답한다.

"농학대학 영상은 봤어요? 이산화탄소 가스실 찍은 거요."

"아니요. 말은 들었어요. 난 TV에서 죽는 거나 폭력적인 프로그램은 안 봐요."

"그래도…… 그러면서 어떻게 도축장에서 일해요?"

"아…… 리나, 인간은 적응의 동물이에요. 뭘 하든 다 적응하죠. 스위치를 끌 수 있어야 해요. 안 그러면 못 견뎌요. 돼지들 눈을 들여다보지 말아야 해요. 알죠? 돼지는 사람을 똑바로 쳐다봐요. 아침에 녀석들이 아직 자고 있을 때 옆으로 지나가면 인기척을 느끼고 올려다봐요. 너 누구니? 여기서 뭐하니? 하고 묻는 것처럼…… 외면해야 해요. 난 총 쏠 때는 항상 고개를 돌려요."

첫 번째 도축장에서는 아르덴종 말 다섯 마리가 트레일러에 서 있다. 몇 살밖에 안 된 아기들이다.

"아르덴종 시장이 좋지 않아요." 우리가 근육질의 튼튼한 다리를 살피는 동안 공장장이 말한다. 우리는 여권을 검사한다. 약물치료 내용이 없다. 아직 어려서 그럴 것이다. 우리는 서명한다. 도축해도 좋다는 허가이다.

두 번째 도축장은 최근에 개조해서 도축장이라기보다 미국의 목장 같다. 울짱(말뚝 따위를 죽 잇따라 박아 만든 울타리. 또는 잇따라 박은 말뚝-옮긴이) 안에 멧돼지들이 새끼를 데리고서 뛰어다닌다. 물통이 추위로 꽁꽁 얼었다. 주인의 사무실에는 검은 참나무 책상이 놓여 있고 벽에는 온통 박제한 동물 머리가 걸려 있다. 우리는 총에 맞아 죽은 사슴 한 마리를 검사한다. 내장 적출을 위해 이곳으로 실려온 녀석이다. 검사를 마친 후 서류 몇 장을 기입하고 다시 출발한다.

세 번째 도축장에 도착하자 터키옥색 아이섀도를 두껍게 바른 한 여자가 문밖으로 달려 나온다. 피와 함께 정체를 알 수 없는 누런 액체가 묻은 흰 작업복을 입고 발에는 슬리퍼를 신었다. 그녀가 비닐장갑을 힘들여 벗더니 도축장 앞에 세워둔 자동차 문을 벌컥 연다. 그러고는 버터 빵을 꺼내 베어 물고 물을 한 모금 마신 후 다시 전부를 차 안에 집어넣고는 건물 안으로 들어간다. 몇 분 후 우리는 그녀를 조그마한 내장처리실에서 만난다. 그녀는 내장 속 내용물이 그득한 큰 그릇에다 돼지 위장을 씻고 있다. 물 색깔이 칙칙한 초록빛이다. 위산과 분비물이 뒤섞인 고약한 냄새는 기도를 자극한다. 옆의 선반에는 방금 도축한 암퇘지 다섯 마리의 커다란 머리통들이 놓여 있다. 뒤편에는 내장꾸러미 스물세 개가 놓여 있다. 그녀는 위장을 씻어 속을 뒤집는다. 그것이 식용으로 팔린다고 마르타가 말해준다. 아마 아시아로 팔려 갈 거라고 말이다.

도축사 한 사람이 끈기 있게 톱질해서 돼지 몸을 가른다. 다른 직원들은 휴게실에 나란히 앉아 엄청나게 두꺼운 소시지와 간으로 만든 소시지를 끼운 빵을 먹고 있다.

"이번 주에도 동물보호 활동가들이 왔어요?" 우리가 빌린 장화를 벗고 우리 장화로 바꾸어 신고 있으려니 한 직원이 쫓아와 묻는다. 큰 도축장 앞에서 시위가 있었다고 신문에 났기 때문이다.

"아니요. 이번 주는 조용했어요." 마르타가 말한다.

그가 고개를 끄덕이더니 문틀에 기댄다. "TV 봤어요? 크리스마스 전에…… 이산화탄소 가스실 찍은 거요."

마르타가 고개를 젓는다.

"솔직히 말하면 참 잔인했어요. 우리는 전기를 쓰니까 얼마나 다행인지 몰라. 나중에 그 사람이 와서 우리가 하는 걸 봐야 해."

"크리스마스 앞두고 스캔들을 터뜨려보자는 생각이었을 거예요." 마르타가 말한다.

"맞아요. 그럴 거야. 잘 가요."

70일.

큰 도축장의 돈방들은 여전히 아침마다 살짝 물이 고인다. 나의 사진도, 관청에 보낸 보고서도 별 소용이 없다. 나는 복도에서 단을 만난다.

"듣기 싫겠지만…… 계류장에 짚을 더 뿌리는 것 같지 않아요. 단기적인 해결책으로 그렇게 하기로 하지 않았나요?"

"정말요? 지시를 내렸는데. 계류장 직원하고 만나서 설명했어요. 분위기를 풀어보려고 풀장에서 헤엄치는 돼지 그림도 그리고 그랬는데. 하긴 한시라도 소홀히 하면 금방 말을 안 들어요. 다시 한번 이야기해야겠어요."

몇 시간 후 회사에서 고용한 책임수의사 헬레나가 도축작업장에 서 있는 내게로 다가온다.

"단한테 짚을 더 뿌리라고 했다면서요. 물이 고이는 건 아침마다 스프링클러를 작동해서 그런 거예요. 그래야 돼지들을 깨우죠. 안 깨우면 몰기 힘들어서 더 거칠게 몰아요." 그녀의 말을 듣다 보니 마치 우리가 처음으로 이런 이야기를 나누는 것 같다.

"네, 하지만 제가 단한테 부친 사진을 한번 보세요. 몇 군데는 스프링클러시설이 없어요. 어쨌든 물을 빼야 하는데 그게 안 되잖아요. 짚을 더 뿌리라는 이야기는 벌써 몇 번이나 했어요.”

“말 안 들을 걸요. 그것도 일이잖아요.” 헬레나가 말한다.

마지막 교대 시간에 트럭 기사 마르쿠스가 트럭을 몰고 온다. 돼지를 하차시키는 작업이 생각처럼 잘 풀리지 않는다. 그가 마지막 세 마리 돼지를 통로로 몰고 가다가 갑자기 제일 뒤에 있던 돼지의 등을 세게 때린다.

“이놈아 아냐? 이제 주말이다.”

돼지가 꽥 소리를 지르며 풀썩 주저앉는다.

마르쿠스가 나를 향해 씩 웃는다.

그의 눈빛에서 스트레스나 공격성의 흔적을 찾아볼 길이 없다. 피곤한 사무직원이 한숨을 쉬며 책상에 서류 파일을 집어 던지는 것하고 똑같을 것이다. **드뎌 퇴근이다!** 하면서

72일.

작은 도축장 홀 벽에 고리가 줄지어 붙어 있고 거기에 암돼지의 젖꼭지와 목 피부가 매달려 있다. 나는 혹이 있나, 주사를 놓다가 잊어버리고 빼지 않은 주삿바늘이 있나 더듬어 찾는다. 방금 전에 탕박 공정을 끝낸 암돼지 젖꼭지 하나를 만진다. 기나긴 젖의 행렬. 몇 군데가 딱딱하고 벌어져 있고 염증이 있다. 나는 지저분한 노트에 적는다. 코드 90, 유선염. 허옇고 걸쭉한 돼지 젖이 울퉁불퉁한 시멘트 바닥으로 흘러 피와 섞인다. 이곳을 지배하는 어둠에서는 그 붉은색이 유별나다.

바닥에 놓은 상자에는 욕창과 물린 상처가 있어 잘라낸 기다란 돼지 피부가 가득 들어 있다. 바로 그 앞 선반에는 돼지 내장이 걸려 있다. 혼자서는 선반을 치울 수가 없어서 나는 그 사이로 몸을 욱여넣는다. 하얀 가운은 얼룩으로 더럽고 소맷단은 너무 넓어서 내장을 집어 혹시나 회충 감염이나 경색의 흔적을 찾을 때면 피가 아래팔을 타고 흘러내린다.

냉장실에 백여 마리 암돼지가 여러 줄로 나뉘어 걸려 있다. 나는 혼자 이곳에 들어와서 살모넬라 감염 시료를 채취한다. 흔들리고 미끄러운 사다리를 올라 습포(젖은 찜질을 할 때 쓰는 헝겊-옮긴이)로 암퇘지의 항문과 목 주위를 닦은 후 번호를 적은 비닐봉지에 집어넣는다. 사다리가 기우뚱한다. 검붉은 뻣뻣한 몸통들이 나를 에워싼다. 추운 날씨에 지방이 굳어서 썰 때마다 바삭거린다.

퇴근 무렵에는 다음 차례로 실려온 암퇘지들의 내장을 살핀다. 작업장이 너무 좁아 선반을 내장처리실로 옮겼다. 조명이 흐리다. 나이 지긋한 도축사 한 사람이 내 옆에 와서 선다. 그가 눈을 가늘게 뜨고 나를 본다.

"한 주가 또 갔군요."

"파트타임으로 일하세요?" 내가 묻는다.

"네. 무릎과 등에 관절통이 있어서요. 코르티손 주사를 맞았더니 훨씬 나아졌어요. 예전에는 아침에 일어나지도 못했거든요. 그래서 침대에서 굴렀어요."

"이 일이 골병드는 일인 것 같아요."

"음, 그럴지도요……. 여기서 45년을 일했어요." 그는 자기가 말해놓고 자기가 놀란 것 같다. "와, 엄청 오래 하셨네요."

그가 신이 나서 고개를 끄덕인다.

"많이 변했나요?"

"아니요, 전혀요. 대부분 그대로예요. 여러 도축장에서 일했거든요. 하지만 출근하는 게 늘 좋았어요."

"진짜요?" 나는 놀란 마음을 숨길 수가 없다.

"그럼요."

"뭐가 그렇게 좋았어요?"

"음……, 일이 계속 바뀌는 게 좋았던 것 같아요. 늘 무슨 일이 터지거든요. 그게 아니면 내가 그냥 제정신이 아니었던지." 그가 호탕하게 웃는다. 그의 말에 아니라고 대답하기가 힘들다.

출발하기 전에 새끼 돼지 서른다섯 마리가 도착한다. 태어난 지 2주가 채 안 된 녀석들이다. 배꼽 탈장 때문에 증세가 심해져 문제를 일으키기 전에 도축해야 한다. 먼저 열다섯 마리를 바닥에 톱밥을 간 큰 돈방에 한꺼번에 집어넣는다. 배는 불룩하지만 너무 어려서 무게가 거의 나가지 않는다. 녀석들이 이리저리 뛰어다니며 사방 구석을 탐색하고 시설물을 질겅질겅 씹고 바닥에 떨어진 곡물을 찾아낸다. 한 녀석은 너무 빨리 달리다가 엉덩방아를 찧고 다른 녀석은 높이 껑충 뛴다. 녀석들의 어린아이 같은 행동이 너무 뜻밖이라 나는 나도 모르게 웃음을 터트린다. 잠시 후 스무 마리 돼지가 더 들어온다. 이제는 공간이 좁아진다. 이제 녀석들은 서로를 피하려고 달린다. 몇 마리가 친구를 깨물자 다른 녀석들이 구석으로 물러난다. 그 구석에 옹기종기 붙어서 몸을 숨길 방도를 찾는다.

73일

혼자서 작은 도축장으로 간다. 지나치는 작은 마을들 이름이 차츰 눈에 익는다. 겨울비가 그치지 않는다.

어제의 새끼 돼지들은 그대로 돈방에 있다. 하지만 이젠 아무도 달리거나 날뛰지 않는다. 목과 귀에는 긴 줄이 나 있다. 짚은 젖었고 갈색이 되어 달라붙는다. 녀석들이 돈방에서 아장아장 걸으며 뭔가 먹을 것을 찾는다. 있을 리 없다.

마리아가 와서 나랑 교대를 한다. 나는 그녀에게 사표를 냈다고 말한다.

"다니기 싫어요?" 그녀가 묻는다.

"업무가 싫어서요."

"알아. 처음부터 딱 알아봤어요."

"정말요?"

"당연하죠."

75일。

수의사 미팅 시간에 팀장이 내가 그만둔다고 알린다. 나는 그 자리에 없었는데 나중에 카리나와 다른 동료 하나를 만났더니 이야기를 꺼낸다.

"섭섭해서 어째요." 카리나가 말한다.

나는 부끄럽다. 그녀는 내게 많은 시간과 에너지를 투자했다.

"그만둔다니 섭섭해요. 동물보호 문제를 관철할 수 있을 사람이 필요하다고 생각하는데." 다른 동료가 말한다.

나는 그런 찬사를 들을 자격이 없다. 나의 모난 돌은 닳았고 나의 나침반 바늘은 흔들린다. 나는 관철하지 못했다. 여기서 일을 시작했을 때 계획했던 것만큼 단단하고 철저하지 못했다.

도축작업장에서 이반이 크리스마스 장터에서 햄을 판 이야기를 한다. 크리스마스 장터는 회사의 소소한 부업이다.

"몇 사람이 친환경 햄을 달라고 했어요. 도축을 더 잘했으니까 친환경 제품을 원한대요. 그래서 내가 설명했죠. 절대 그렇지 않다, 다 똑같이 도축한다, 그랬더니 그럼 지역 제품으로 달래요. 그래서 그건 우리도 판다, 그러고서 팔았죠." 그는 만족스러운 표정이다. "사람들은 참 온갖 것에 돈을 써요. 브링크Brinks 가 공급하는 돼지들 본 적 있어요? 그 돼지들이 스톡홀름의 고상한 시장으로 간다는 거 알았어요? 거기선 고기를 킬로그램당 몇백 크로나(2021년 현재 500크로나는 우리 돈으로 약 6만 8천 원이다-옮긴이)나 받아요. 좀 넓은 곳에서 키우는 것만 다르지 도축은 똑같은데 말이죠."

"나도 스톡홀름 사람인데……." 나는 미소 짓는다.

그가 웃는다. "맞아요. 당신네 스톡홀름 사람들……, 비싼 걸 좋아하죠. 아니에요?" 그가 한숨을 쉬며 시간과 도축된 돼지의 숫자를 빨간색으로 알려주는 모니터를 쳐다본다. "어쨌거나 금방 주말이야. 매일 그것만 기다려요."

"주중에는 힘들어요?"

"그렇죠. 만날 똑같으니까. 주말만 보고 참고 일하는 거죠. 하긴 내일은 또 놀이공원에 가야하지만."

76일

계류장으로 들어선다. 아침이면 오줌 탓에 공기 중에 암모니아가 넘쳐서 숨을 쉴 때마다 코를 찌른다. 돼지들은 더럽고 축축하다. 녀석들이 다닥다닥 붙어서 누워 있다.

"안녕하세요." 방혈 공정의 마르코는 항상 웃으며 다정하게 인사를 건넨다.

잠시 후 리드미컬한 매질 소리가 들리더니 마르코가 돼지를 이산화탄소 가스실로 몰고 간다. 돼지들이 가지 않으려고 버티면서 서로의 등에 올라탄다. 도무지 진척이 없다. 녀석들이 도통 앞으로 나가지를 않는다. 그런데도 그는 돼지를 때린다. 점점 더 심하게. 그러면서 동료에게 뭐라고 소리 지른다.

"지금 뭐 하세요." 그에게 가서 내가 말한다.

그가 갑자기 동작을 멈춘다.

"몰이채를 그렇게 쓰시면 안 되는……."

"맞아요." 서둘러 대답하는 그가 꼭 선생님께 야단맞은 학생 같다.

세 시간 후 다시 계류장에 가니 그가 허둥지둥 나에게로 달려온다.

"아까는 내가 아니었어요." 그가 말한다.

"네? 무슨 말인지."

"아까는 내가…… 뭐에 씌었나 봐요. 그래도 책임은 질게요. 두 번 다시 그런 일 없을 거예요."

"네, 저도 깜짝 놀랐어요. 평소에 그렇게 침착하시던 분이." 내가 말한다.

"그래요, 두 번 다시 그런 일 없을 거예요."

그 후로 나는 하루 종일 고민한다. 그 수치심은 어디서 왔을까? 무슨 의미였을까? 혹시 내가 신고할까 봐 겁나서? 아니면 정말로 뉘우쳐서?

도축작업장 수의사 검사대에 있으면 칼레를 자주 만난다. 우리의 대화 주제는 다채롭다. 자동차, 등산, 책.

"취미가 여러 개 있어야 해요. 특히 이런 일을 하는 사람은. 처음에는 그래도 배우는 재미가 있었는데 금방 따분해지더라고요. 발전이 없잖아요." 그가 말하며 돼지 몸에 마킹을 하고 곪은 늑막을 잘라낸다. 그가 한 걸음 뒤로 물러나 돼지 몸통을 살핀다. "버리는 게 너무 많아서 짜증나요. 그 농장에서 온 돼지들은 심할 땐 전체의 70퍼센트를 폐기해요. 농장에 문제가 있는 거야. 그래도 대형공급업체다 보니 도축장에서 감히 말을 못해요."

퇴근하는 길에 정문에서 알란을 만난다.

"이제 월요일을 마쳤으니 금방 주말이 올 거예요. 금요일까지 날짜만 센다니까요." 그가 말한다.

"아직 한참 남았는데요."

"아냐. 월요일만 보내고 나면 심정적으로 벌써 주말이라니까요."

버스를 놓치지 않으려고 샤워도 거른 채 버스 정류장까지 자전거 페달을 밟는다. 도축장 냄새가 재킷을 뚫고 스멀스멀 삐져나온다. 땀 때문에 냄새가 크림처럼 엉긴다.

77일.

동물의 인내심에 탄복할 때가 한두 번이 아니다. 돼지 한 무리가 돈방 하나에 나란히 누워 잠을 잔다. 자리가 모자라 포개진 녀석들도 있다. 한 녀석이 여전히 자리를 못 잡고 누울 곳을 찾는다. 녀석이 등을 타고 기어올라 딱 붙어 누운 몸통들 틈으로 비집고 들어오면 옆에 있는 다른 녀석들은 분명 아플 것이다. 한 녀석이 꿀꿀거리며 저항하지만 자리 찾는 친구를 방해하지는 않는다. 마침내 녀석이 빈자리를 찾는다. 일단 그 자리에 몸을 밀어 넣은 다음 앞다리를 쭉 뻗고 이마와 코를 옆의 돼지 등에 올려놓는다. 그러자 옆의 돼지가 약간 옆으로 비켜준다. 둘은 눈을 감고 한숨을 폭 쉰다.

암퇘지 한 마리가 돈방에 서서 한 다리만 짚고 누워보려 하지만 잘 안 된다. 발에 종양이 있는 것 같다.

"저 녀석을 꺼내서 먼저 처리할 수 있을까요? 다리를 절어요."
내가 스벤에게 말한다.

"어제 오후 3시부터 여기 있었어요. 근데 이제 발견했어요?"
그가 대꾸한다.

"봤을 때 처리해야죠."

그가 고개를 저으며 눈을 흘긴다.

저 암퇘지를 다른 녀석들보다 먼저 도축시키는 일. 잠깐 동안 그것이 오늘 내가 맡은 가장 중요하고 유일한 업무인 양 생각된다. 산드라와 교대를 한다.

"저 돼지를 눈여겨보세요." 내가 당부한다.

나중에 산드라에게 들어보니 내가 나가자마자 바로 스벤이 그 녀석을 꺼냈다고 한다.

회사에서 고용한 책임수의사 헬레나가 암퇘지 몰이 광경을 지켜본다.

"보기가 좋지 않네요." 그녀가 내게 말한다. "암퇘지들은 고분고분하지가 않아서 어떨 땐 15분씩 때려요. 돼지한테도 스트레스고 일하시는 분들에게도 스트레스고."

"맞아요." 누군가와 내 생각이 같다는 사실에 행복해서 소리를 지른다. 게다가 그녀도 '때린다'는 단어를 사용했다.

"그러니까 전기봉을 다시 도입해야 해요. 15분 동안 때리는 것보다는 전기충격이 낫잖아요." 나는 전기봉의 규칙적 사용은 법에 위배되며 전기봉은 예외적인 경우에만 사용이 허용된다고 반박한다. 게다가 여기선 이미 너무 자주 사용하는 바람에 사용이 금지된 상태다.

"건물을 고쳐야 해요. 옆면의 길이가 너무 짧아서 암퇘지들이 들어가려고 하지 않아요. 설계가 잘못된 거죠." 내가 말한다.

"고쳐요?" 헬레나가 미친 사람 다 본다는 표정으로 나를 바라본다. "그럴 돈 없어요. 그 방법은 배제해야 해요. 지금 당장 해결책을 찾아야 한다고요."

78일

나는 계류장에 서 있다. 트럭이 차례차례 도착한다. 돼지들이 셔터 문으로 몰려들어와 각기 다른 돈방으로 흩어진다.

"집에 가고 싶다." 벵크트가 크게 한숨을 쉬며 말한다.

"몸이 안 좋아요?" 내가 묻는다.

"지겨워요. 여기서 너무 오래 일했어."

"얼마나 되었는데요?"

"25년 전에 친구와 식당을 열기로 했어요. 그전에 잠깐 여름에 알바를 하기로 했죠. 나는 여기서. 친구는 다른 데서. 그런데 친구가 거기서 정규직 일자리를 얻는 바람에 눌러앉아 버렸죠. 나도 여기 눌러앉았고요. 다른 일을 알아보기엔 너무 늦었어요."

"정말 그럴까요?" 내가 묻는다.

그는 대답 없이 셔터 문을 연다. 방금 전 또 한 대의 트럭이 후진하여 문에 꽁무니를 갖다댔다.

우리는 오염을 확인하며 따라간다. 국제수의청에 따르면 이것이 올해 우리가 해야 할 가장 중요한 업무 중 하나다. 나는 암퇘지들이 냉장실로 가기 직전에 작업장 검사대로 간다. 그리고 내장이 제거된 암퇘지 한 마리의 몸통을 살핀다. 뒷다리를 걸어 매단 녀석은 목이 거의 다 잘려서 살 조각 하나에 매달린 머리통이 바닥에 닿을 듯 말 듯 대롱거린다. 귀는 잘려나갔고 눈을 꼭 감았으며 입은 벌렸다. 허벅지 한쪽에 똥이 약간 묻었다. 나는 벨트를 세우고 공장장을 부른다. 그가 한숨을 쉬면서 달려온다. 문득 도축사 한 사람이 예전에 그를 두고 했던 말이 생각난다. "그 사람은요. 출근하기 전부터 퇴근하고 싶어 하는 사람이에요."

"아, 맞네요. 맞아요." 그는 칼을 꺼내 똥을 잘라낸다. "작업하면서 실수했네요."

그가 남은 몸통을 살피다가 희끄무레한 것을 잘라낸다. 척추를 자르다가 달라붙은 조각이다.

"오염이라 생각하기 쉬운데 이건 톱질하다 생긴 겁니다."

"알아요." 내가 말한다.

나중에 이 소량의 똥에 대해 보고서를 작성하느라 30분을 쓴다.

80일

7시에 계류장을 한 바퀴 돌다가 옆으로 누운 채 죽은 돼지 한 마리를 발견한다. 온몸이 오물 범벅이다. 나는 스벤과 로베르트에게 사실을 알린다. 중요한 메시지를 전달하는 심정으로. **여기서 어젯밤에 누가 죽었어요!**

"네네, 나중에 꺼낼게요." 로베르트가 말한다.

나는 계류장 앞 아스팔트가 깔린 마당으로 나간다. "네네"라는 그의 대답 때문에 울음이 터질 것 같지만 몇 번 숨을 크게 들이쉰다. 이게 정상이다. 어차피 한 번은 죽는다. 좀 빠르거나 좀 늦을 뿐.

기사 마르쿠스가 돼지 한 무리를 내린 뒤에도 가지 않고 계류장을 어슬렁거린다. 우리는 나란히 서서 이산화탄소 가스실 방향으로 향하는 녀석들을 바라본다. 그 아래 가스실에서 보았던 불안은 내 마음에서 부단히도 요동을 친다.

마르쿠스가 하하 웃는다. "우린 이미 많은 생명을 죽였어요. 천국에 못 갈 것 같아요."

"정말 그렇게 생각하세요?" 내가 묻는다. 그의 말을 진심으로 받아들여도 좋을지 알 수 없다.

"아니요, 아니에요. 정말 그럼 이 일을 못 하죠."

"어쩌다 여기서 일하게 되셨어요?" 사실은 방금 전의 그 말을 계속 캐묻고 싶다. 그의 의혹과 양심의 가책을. 하지만 무슨 이유인지 나는 선뜻 그러지 못한다.

"10년 전 축구할 때 같이 뛰던 사람이 이 일을 했어요. 거기 회사에서 사람을 구한다기에 갔죠. 실업고만 나오면 그럴 수도 있어요." 그가 하하 웃는다.

돼지 한 마리가 트럭에서 비틀대며 걸어 나온다. 주저앉았다가 다시 일어서서 용감하게 친구들을 쫓아가 보지만 또 쓰러지고 만다. 녀석을 도울 수 있다면 좋겠다. 동물병원에 왔던 강아지들을 떠올린다. 그 녀석들에게 우리가 줄 수 있었던 위로를 생각한다. 불안에 떠는 강아지를 품에 안고 쓰다듬으며 달랜다. 통증을 줄여줄 올바른 방법을 찾는다. 전화를 걸었을 때 울던 반려인들을 떠올린다. 걱정이 되거나 기뻐서 혹은 더 이상은 살 수 없겠다는 사실을 깨닫고 슬퍼서 그들은 울었다. 그러고는 마지막 순간을 반려동물과 함께하고자 득달같이 병원으로 달려왔다.

"제일 친한 친구죠." 허리가 구부정하고 손목이 가늘고 더러운 스웨터를 입은 중년 남성이 말했다. 심부전으로 더 이상 치료가 불가능했던 강아지는 그의 품에서 영면했다.

"내 생명을 구했어요." 고양이 덕분에 식이장애를 이겨낸 젊은 여성이 말했다. 그 고양이는 차에 치여 집중치료를 받았다.

질병과 죽음과 맞서는 투쟁을 생각한다. 같은 투쟁을 바라보는 우리의 평가가 얼마나 다른지도 생각한다. 우리는 우리 욕망에 따라서만 주고 뺏는다. 시멘트 바닥에 앉은 외로운 돼지를 보며 그 모든 생각이 머리를 스치고 지나간다. 녀석은 숨을 헐떡이며 궁금하다는 표정으로 나를 바라본다. 로베르트가 볼트총을 들고 내 옆에 선다.

"쏴요." 내가 말한다.

작업장에서 나는 축구공만 한 낭종이 붙은 신장을 떼어낸다. 몸뚱이가 그 모든 것을 견딜 수 있다는 것이 참으로 불가해하다.

81일

작은 도축장에 간 지 몇 시간 후 수퇘지 한 마리를 실은 트럭 한 대가 들어온다. 녀석이 머뭇거리며 사다리를 내려올 때 커다란 귀가 펄럭인다. 기사는 녀석의 뒤를 따르며 가끔씩 엉덩이를 민다. 한 걸음 한 걸음이 전부 시험이다. 녀석은 돈방으로 들어가더니 톱밥을 먹기 시작한다.

다음으로 새끼 돼지들이 실려온다. 절룩이는 녀석이 하나도 없다. 모두가 잽싸게 달린다. 최대한 빠르게 달리는 데도 엉덩이를 얻어맞는다. 때리는 동작이 습관이 돼버렸다. 더 빨리, 더 빨리!

몇 시간 후 도축작업장에서 통에 담긴 그 수퇘지의 머리를 발견한다. 어찌나 무거운지 나는 들 수도 없다. 눈은 감겼고 혀는 밖으로 삐져나와 매달려 있고 털의 촉감은 거칠다.

도축장 곳곳이 털이다. 나는 냉장실에서 암퇘지 몸통을 검사하느라 사투를 벌인다. 몸통들이 어찌나 다닥다닥 붙어 있는지 검사가 힘들다. 머리를 뒤로 확 젖혀도 헬멧이 자꾸만 흘러내려서 상체를 한눈에 볼 수가 없다. 추워 손가락이 곱는다. 도축장 직원 한 사람이 인장을 손에 들고 뒤를 따라오며 연신 묻는다. "찍어요? 찍어요?" 그는 냉장실이 포화상태라 스트레스를 받고 있다.

도축육을 다음 공정으로 옮기려면 나의 확인이 필요하다. 하지만 나는 속도가 더디고 마음이 자꾸만 콩밭으로 달려간다. 이러다간 자칫 꼬리가 시작되는 부분의 종양이나 혹을 놓칠 수도 있다.

"잠깐만요!" 결국 내가 한마디하자 그가 한 걸음 물러선다.

퇴근하기 전에 마지막으로 계류장을 살핀다. 돈방 하나에 돼지가 너무 많다. 열세 마리가 정원인데 열네 마리가 들어 있다. 그게 중요한가? 이러나저러나 어차피 좁고 내일이면 도축될 텐데. 나는 오스카에게 두 마리를 따로 돈방에 넣으라고 부탁한다. 나의 직업은 몇 센티미터를 확보하려는 투쟁이다.

82일.

    감독 관청에 보낼 보고서를 작성한다. '돈육'이라고 썼더니 동료가 '도축육'이라고 써야 한다고 고쳐준다.

83일

큰 도축장 계류장에 서 있다. 회사가 고용한 책임수의사 헬레나가 서류와 펜을 들고 다니며 심각한 표정으로 살핀다. 그녀가 내게로 다가온다.

"여기 자주 내려오니까 잘 알겠네요. 돼지들이 왜 다칠까요? 우리 고기를 납품받는 함부르크 제조사에서 우리더러 금요일마다 동물보호 순찰을 돌며 확인하라네요."

나는 그녀를 쳐다본다. 우리 뒤편으로 목이 잘린 돼지들이 줄지어 매달려 있다. 다친다고? 나를 놀리려는 걸까?

"실수로 날카로운 모서리에 베인 걸까요?"

나는 정신을 차린다. "뭐 그렇죠. 압축공기로 움직이는 문은 동물이 끼면 자동으로 열리지 않아요."

"오, 그거 적을게요."

"벌써 오래전에 이야기했어요. 당시에 파울이 그것 때문에 보고했다고 말했어요."

"여러 번 말해야 하는 사안도 있으니까요. 좋아요, 적을게요."

나중에 보니 헬레나와 스벤이 하역장의 작은 사다리를 살피고 있다. 사다리의 위치가 좋지 않다. 돼지가 도축장으로 가다가 자칫 거기에 발이 걸릴 수도 있다.

84일。

동료가 담당한 트럭 한 대에서 돼지 세 마리를 죽일 수밖에 없다. 녀석들이 혼자서는 적재 칸을 내려올 수가 없기 때문이다. 세 마리 모두 주저앉아서 죽어가고 있다. 나는 기사 카를손에게 이것저것 물어본다.

"놀랄 것도 없어요." 그가 이렇게 말하며 해당 농장에서 돼지들을 어떻게 실었는지, 얼마나 때리고 꼬리를 잡아당겼던지 털어놓는다.

"돼지들이 어찌나 스트레스를 받았는지 거의 초죽음이었어요. 때린 흔적이 없는지 살펴봐요." 그가 말한다. "정말로 못 봤어요? 몰이판으로 등짝을 때린다니까요. 하긴 당연히 자국이 안 남게 알아서 때리겠지. 전기봉이 훨씬 나아요. 저렇게 맞느니 전기충격이 낫지. 전기는 매질만큼 고기가 상하지도 않고요."

돼지를 다 내린 후에 그가 말한다. "그래서 오늘까지 총 2백만 2천 2두를 실어왔어요."

"그렇게 정확히 세요?"

그가 웃는다. "대충 그렇다는 거예요. 일을 시작한 70년대에는 한 차에 85두만 실었어요. 지금은 3층으로 쌓아서 260두를 실어요. 또 만사가 훨씬 더 빨라야 하죠. 세월이 정말 바뀌었어요."

카를손은 얼마 전에 다른 기사들과 함께 도축장 구경을 했다.

"도축장에서 일하면 정말 따분하겠어요. 만날 똑같잖아요, 거기서 일하는 사람들 보니 딱하더라고요. 물론 나도 그렇지만 그래도 나는 자유롭기라도 하지, 밖에서 돌아다닐 수도 있고." 그가 말한다.

"자유가 제일이죠." 내가 말한다.

"맞아요. 그래서 내가 결혼도 안 했잖아." 그가 웃는다.

수의사 동료가 도계장으로 파견을 나갔다. 오후에 일을 마치고 온 그가 전자레인지에 피자를 돌린다. 나는 휴게실에서 커피를 마시는 중이다.

"어땠어요?"

"아, 좋았어요." 그가 대답한다. "건물도 깨끗하고 또 수리도 해서 완전히 새로운 생산 설비를 들일 거라던데요. 좋아질 거예요." 거기서 목격했을 말도 안 되는 광경에 대해선 아무런 언급도 없다. 나는 놀란다. 우리 두 사람은 절대로 도축장에 대해 같은 이야기를 하지 않을 것이다.

밖에서 해가 진다. 컨테이너 안에 까마귀 한 마리가 앉아 있다. 바닥에 피가 얼어붙었다.

85일.

오늘이 마지막 날이다. 어젯밤에 비건 바닐라 롤 페이스트리를 구웠다. 계류장에 내려가서 돈방 오물을 씻어내는 스벤에게 한 봉지를 건네준다.

"8월까지는 있을 줄 알았어요." 그가 말한다.

"네. 그런데 사표를 냈어요."

"하긴, 리나 같이 학벌 좋은 사람이 여기서 하루 종일 멍청한 돼지 뒤나 쫓아다녀서야 되겠어요? 더 좋은 데 갈 수 있겠죠."

"멍청한 돼지들을 정말로 좋아하는데 말이죠." 말하면서 나는 내가 진심인 것을 깨닫는다.

"네네." 그가 살짝 미소를 짓는다.

계류장에 있으려니 헬레나가 동물보호 순찰을 돌러 내려온다.

"돼지들이 왜 다치는지 알아냈어요?"

"아니요."

"리나가 감독 관청에 아주 좋은 정보를 보냈던데요. 공급자도 기사도 다 알면서 규정을 어기고 절룩이는 돼지를 실어 보냈다고요. 우리에게 필요한 게 바로 그런 정보예요. 절룩이는 돼지가 너무 많이 와요. 그래서는 안 되는데 말이죠. 기업에도 그에 관한 규정이 필요해요. 하지만 기사들이 실을 때 못 봤다고 하면 힘들죠."

"그 기사 분은 신고하라고 했어요. 그래야 축산 농가가 병든 돼지를 싣지 않는다고요. 헬레나가 그 문제에 관심을 보이니 잘됐어요."

그녀가 미소를 짓는다. "사표 던진 거 이해할 수 있어요. 여기 그만둘 때 나도 두 번 다시 안 오려고 했어요. 그래놓고도 또 이 직업을 택했어요. 난 모두와 이야기할 수 있어요."

"말하면 들어주나요?"

"그럼요. 여기 직원이라면 모르는 사람이 없는 걸요. 그리고 나도 농사지어요."

우리는 암퇘지에 대해 이야기를 나눈다. 그녀는 전기봉을 다시 도입하기로 결정했다고 말한다. 잠근 캐비닛에 보관해뒀다가 암퇘지가 반항할 때만 꺼내 쓸 수 있다고.

"개조할 돈은 없어요." 내가 반대하자 그녀가 말한다. "계산기다 두드려봤어요. 너무 비싸서 개조해야 할 상황이면 암퇘지 도축을 그만둘 거예요. 수지가 안 맞거든요."

"우리 팀장님한테 말씀드렸어요? 전기봉을 다시 사용한다고?"

"아니요. 그분께는…… 보고 의무가 없어요. 합법이에요." 그녀가 말한다.

잠시 후 벵크트가 나를 꼭 안는다. 스벤은 악수를 청한다. 나는 그도 꼭 안아준다. 이 골치 아픈 인간을 향해 파도처럼 따뜻한 마음이 밀려간다. 칼레에게 바닐라 롤이 든 봉지를 건네주면서 아래층 도축사 70명에게 나눠주라고 부탁한다. 휴식시간이 끝나고 몇 사람이 와서 인사를 한다. 이반은 감동에 겨워 말한다. "반죽하는 거 도와줄 걸." 다른 이가 말한다. "이거 주문할 수 있어요?" 또 한 사람이 말한다. "매일 매일 그만두면 어때요?"

방혈 공정의 직원들에게도 봉지를 들고 간다.

"여기 바닐라 롤 왔습니다." 그들의 휴게실에 들어가면서 내가 생색을 낸다.

휴게실에 혼자 있던 작은 체구의 남자는 평소 내게 눈길도 보내지 않았다. 내가 그의 몰이 방식을 질책한 후 통 용서가 안 되는 모양이다.

"아." 그가 봉지를 받아든다. 감사의 인사말을 하는 순간 그의 입가에 설핏 비친 미소의 그림자를 나는 놓치지 않는다. 나는 돌아서 문을 닫고 나온다.

그 앞에 피 흘리는 돼지들이 줄을 지어 매달려 있다.

이 책에 적힌 내용은 모두 실제로 일어났던 일이다.

이곳 일터에서 더 배울 점이 있었으리라는 걸 나는 잘 안다.

여기서 오랜 시간에 걸쳐

이 일의 포괄적인 상을 그려냈다고 주장하는 것도 아니다.

인생에는 시간이 흐르고 난 후에야

비로소 이해되는 것들이 많으니까.

다만 이것은 나의 이야기다.

인명과 기업명은 지어낸 것이다.

인물의 몇 가지 특성과 중요하지 않은 세부는 바꾸기도 했다.

해당 인물을 알아볼 위험을 줄이기 위해서다.

'19일'의 인용문은 기억난 대로 적은 것이라 꼭 같지는 않을 것이다.

'61일'의 맨 마지막 부분 인용문은 보고서

〈Group stunning of pigs during commercial slaughter in a Butina

paternoster system using 80% nitrogen and 20% carbon dioxide compared

to 90% carbon dioxide〉에서 발췌하여 번역하였다.

Algers, A., Berg, L., Hammarberg, K., Larsen, A., Lindsjö, J., Malmsten, A., Malmsten, J., Mustonen, A., Olofsson, L., Sandström, V. (2012). Utbildning i djurvälfärd i samband med slakt och annan avlivning. http://disa.slu.se/ [2019-05-07]

Atkinson, S. (2016). Assessment of Cattle and Pig Welfare at Stunning in Commercial Abattoir. Diss. Uppsala: Sveriges lantbruksuniversitet.

Atkinson, S., Larsen, A., Llonch, P., Velarde, A. & Algers, B. (2015). Group stunning of pigs during commercial slaughter in a Butina paternoster system using 80% nitrogen and 20% carbon dioxide compared to 90% carbon dioxide. Sveriges lantbruksuniversitet.

Broom, D.M. & Fraser, A.F. (2015). Domestic animal behaviour and welfare. Fünfte Ausgabe. Oxfordshire: CABI.

Broom, D.M., Sena, H. & Moynihan, K.L. (2009). Pigs learn what a mirror image represents and use it to obtain information. Animal Behaviour 78: 1037-1041.

Engblom, L., Lundeheim, N., Strandberg, E., Schneider, M. del P., Dalin, A-M. & Andersson, K. (2008). Factors affecting length of productive life in Swedish commercial sows. Journal of Animal Science 86 (2): 432-441.

Essig, M. (2015). Lesser beasts - a snout to tail history of the humble pig. New York: Basic books.

Estabrook, B. (2015). Pig tales - an omnivore's quest for sustainable meat. New York: W. W. Norton & Company.

European Food Safety Authority (2004). Welfare aspects of animal stunning and killing methods. Scientific Report on the Scientific Panel for Animal Health and Welfare on a request from the Commission. Brussels: EFSA.

European Food Safety Authority (2013). Scientific opinion on monitoring procedures at slaughterhouses for pigs.

EFSA Journal 11(12): 3523.

Grandin, T. (2017). How to Determine Insensibility (Unconsciousness) in Cattle, Pigs, and Sheep in Slaughter Plants. https://www.grandin.com/humane/insensibility.html [2019-05-07]

Gård och djurhälsan (2017). Internationella rapporten. Interpig.

Jensen, P. (2018). Djurens känslor och vår känsla för djur. Stockholm: Natur & Kultur.

Jensen, P. & Wood-Gush, D.G.M. (1984). Social interactions in a group of free-ranging sows. Applied Animal Behaviour Science 12: 327 - 337.

Jordbruksverket (2019). Vägledning för bedömning av djurskydd på slakterier för officiella veterinärer. https://www.jordbruksverket.se/ amnesomraden/ djur/djurskydd/slaktochannanavlivning/slakt/ vagledningforslakt/vagledn ingforofficiellaveterina rer.4.26aaa7aa-15 471 338dade993e.html [2019 - 11 - 29]

KRAV (2018). Slakt. https://www.krav.se/foretag/valjverksamhet/slakt/ [2019 - 05 - 07]

Livsmedelsverket (2019). Offentlig livsmedelskontroll. https://www. livsmedelsverket.se/produktion-handel-kontroll/livsmedelskontroll/ offentlig-kontroll [2019 - 04 - 09]

Marino, L. & Colvin, C.M. (2015). Thinking pigs: a comparative review of cognition, emotion and personality in Sus domesticus. International Journal of Comparative Psychology 28: 1. 232

McLeman, M.A., Mendl, M., Jones, B.R., White, R. & Whates, C.M. (2005). Discrimination of conspecifics by juvenile domestic pigs, Sus scrofa. Animal Behaviour 70: 451 - 461.

Ragnar, M. (2015). Grisens historia: så mycket mer än fläsk. Stockholm: Carlsson. Rosenvold, K. & Andersen, H.J. (2003). Factors of significance for pork quality - a review. Meat science 64: 219 - 237.

Rådets förordning (EG) nr 1099/2009 av den 24 september 2009 om skydd av djur vid tidpunkten för avlivning. EUT L 303, 18.11.2009 1 - 30.

SFS 2018:1192. Djurskyddslag. Stockholm: Näringsdepartementet.

SFS 2019:66. Djurskyddsförordning. Stockholm: Näringsdepartementet.

SJVFS 2019:8. Statens Jordbruksverks föreskrifter och allmänna råd om slakt och annan avlivning av djur. Saknr L 22.

Straw, B.E., Zimmerman J.J., D'Allaire, S. & Taylor D.J. (red.) (2006). Diseases of swine. 9. edition. Ames: Blackwell publishing.

Tanida, H. & Nagano, Y. (1998). The ability of miniature pigs to discriminate between a stranger and their familiar handler. Applied Animal Behaviour Science 56 (2 - 4): 149 - 159.

Verhoeven, M., Gerritzen, M., Velarde, A., Hellebrekers, L. & Kemp, B. (2016). Time to Loss of Consciousness and Its Relation to Behavior in Slaughter Pigs during Stunning with 80 or 95% Carbon Dioxide. Frontiers in Veterinary Science 3:38.

Watson, L. (2004). The Whole Hog - Exploring the extraordinal potential of pigs. Washington: Smithsonian books.

옮긴이 **장혜경**

연세대학교 독어독문학과를 졸업하고 같은 대학 대학원에서 박사 과정을 수료했다. 독일 학술교류처 장학생으로 하노버에서 공부했다. 현재 전문 번역가로 활동 중이다. 《삶의 무기가 되는 심리학》, 《나는 이제 참지 않고 말하기로 했다》, 《오늘부터 내 인생 내가 결정합니다》, 《나는 왜 무기력을 되풀이하는가》, 《처음 읽는 여성 세계사》, 《숲에서 1년》, 《나무 수업》, 《자전거, 인간의 삶을 바꾸다》, 《우리의 노동은 왜 우울한가》 등을 우리말로 옮겼다.

아무도 존중하지 않는 동물들에 관하여

초판 1쇄 발행   2021년 11월 1일
초판 2쇄 발행   2022년 5월 27일

지은이 • 리나 구스타브손
옮긴이 • 장혜경

펴낸이 • 박선경
기획/편집 • 이유나, 강민형, 오정빈, 지혜빈
마케팅 • 박언경, 황예린
디자인 제작 • 디자인원(031-941-0991)

펴낸곳 • 도서출판 갈매나무
출판등록 • 2006년 7월 27일 제395-2006-000092호
주소 • 경기도 고양시 일산동구 호수로 358-39 (백석동, 동문타워 I) 808호
전화 • 031)967-5596
팩스 • 031)967-5597
블로그 • blog.naver.com/kevinmanse
이메일 • kevinmanse@naver.com
페이스북 • www.facebook.com/galmaenamu

ISBN 979-11-91842-05-0/03330
값 15,000원